名人家风丛书

清心正己廉直传
—— 刘墉与刘氏家风

本书系2015年马克思主义理论研究和建设工程重大项目暨国家社科基金重大项目"中华优秀传统文化的创造性转化与创新性发展研究"阶段性成果。

名人家风丛书

徐梓 主编

清心正己廉直传
——刘墉与刘氏家风

孙欣 著

中原出版传媒集团
中原传媒股份公司

大象出版社
·郑州·

图书在版编目(CIP)数据

清心正己廉直传：刘墉与刘氏家风/孙欣著.— 郑州：大象出版社，2018.6（2018.11重印）
（名人家风丛书/徐梓主编）
ISBN 978-7-5347-9825-2

Ⅰ.①清… Ⅱ.①孙… Ⅲ.①家庭道德—中国②刘墉(1719-1804)—家族—史料 Ⅳ.①B823.1②K820.9

中国版本图书馆 CIP 数据核字(2018)第 128929 号

名人家风丛书

徐　梓　主编

QINGXIN ZHENGJI LIANZHICHUAN

清心正己廉直传
——刘墉与刘氏家风

孙　欣　著

出 版 人	王刘纯
总 策 划	郑强胜
责任编辑	燕　楠
责任校对	牛志远
书籍设计	王莉娟

出版发行	大象出版社（郑州市开元路 16 号　邮政编码 450044）
	发行科　0371-63863551　总编室　0371-65597936
网　　址	www.daxiang.cn
印　　刷	洛阳和众印刷有限公司
经　　销	各地新华书店经销
开　　本	890mm×1240mm　　　1/32
印　　张	5.5
字　　数	117 千字
版　　次	2018 年 6 月第 1 版　2018 年 11 月第 2 次印刷
定　　价	22.00 元

若发现印、装质量问题，影响阅读，请与承印厂联系调换。
印厂地址　洛阳市高新区丰华路三号
邮政编码　471003　　　　电话　0379-64606268

总　序

　　一个人有一个人的气质，一个国家有一个国家的性格。一个家庭在长期的延续过程中，也会形成自己独特的风气。这样一种看不见的风尚习惯、摸不着的精神风貌，以一种隐性的形态存在于特定家庭的日常生活之中，家庭成员的一举手、一投足，无不体现出这样一种习性。这就是家风。

　　"家风"一词，最早见于西晋著名文学家潘岳的诗中。与潘岳有"双璧"之称的夏侯湛，自恃文才超群，将《诗经》中有目无文的六篇"笙诗"补缀成篇。潘岳为与友人唱和，写作了《家风诗》。在这首诗中，作者通过歌颂祖德、称美自己的家族传统以自勉。

　　"家风"又称"门风"，这个词语在西晋出现并在随后流行，显然和"士族""世族""势族""大族""世家大族"成为社会上的统治力量有关。无论是以宗族为根基、以武力为特质的地方豪族，还是以官宦为标志、以文化为表征的名家大姓，他们政治上累世贵显，经济上广占土地，文化上世传家学，垄断了全社会的主要资源。除通过九品中正制和婚姻关系来维护门阀制度之外，他们还自矜门户、标树家风，用以抵御皇权和寒人的侵渔。正因为如此，两晋以后，这个词语渐次流行。从发轫之初，"家风"就往往和"门风"互用。我们可以将它理解为家庭的风气，将它看作一个家庭的传统、一个家庭的文化。

传统作为人类代代相传的行事方式，是从过去延传到现在的事物。没有经过较长时间的过滤和沉淀，就形成不了传统。在《论传统》的作者希尔斯看来，至少要持续三代人，才能成为传统。尽管世代本身的长短不一，但无论是信仰还是行动范式要成为传统，至少需要三代人的两次延传。家风作为特定家庭的传统，是该家庭长时期历史汰选、传统沉淀的结果，是一辈又一辈先人生活的结晶。在历史文献中，"家风"或与"世德"共举，或与"世业"并称，足见家风有别于时尚，而与"世"即很多年代、好几辈子紧密关联。在时间上持续的短暂性是时尚的特征，而家风则是历经延传并持久存在，或者在子孙后代身上一再出现的东西。正是在这个意义上，历史文献中提及"家风"一词，往往蕴含对传统的继承。如比比皆是的"不坠家风""世守家风""克绍家风""世其家风"及"家风克嗣"等，无不体现了这一特点。

有一种观点认为，家风必须是健康的、积极向上的，否则，不能称之为家风。实际上，这只是说者的一种期许、一种渴盼，家风本身并不蕴含这样的意味。否则，"良好家风"就是毫无意义的同义反复。正如"文化"是使民族之间表现出差异性的东西，时时表现着一个民族的自我和特色一样，家风作为家庭的文化和传统，表现的也是一个家庭的气质和风习，反映出一个家庭与其他家庭的不同之处。它完全是一个中性的概念，并不必然具有正面的意义。有的家风可能是勤奋俭朴、为人忠厚、待人有礼，也有的家风可能是狡诈刻薄、游荡为非、跋扈凶横。如同一所学校、一个班级的风习我们称之为校风、班风，而校风有好坏之分，班风有高下之别，并不总是值得弘扬一样，家风同样也有不良的，并不都是传家宝。正因为如此，对家风或门风则就既有称誉，也有贬损。即便是在传统社会，被视为传家久、继世长的，也只有耕读、忠厚、清廉这样一些美好的品质。

的确，家风的特征在前现代、在乡村社会、在大家庭中表现得十分鲜明，格外生动，而在现代城市家庭中却不那么明显。但是，只要一个组织存在，就会有这个组织的文化，特别是这个组织如果有历史的厚重，有传统的积淀，就更是如此。作为家庭的文化，家风是附丽于家庭而存在的，只要有家庭，就会有家风。家风并不必然会因为农村的城市化、大家族被小家庭所取代而丧失，或者说，随着历史的演进，社会情势的变化，家风的具体内容肯定会有变化，但家风仍然会存在。在社会结构和家庭结构都发生了革命性变革的当今社会，人们感叹"家风"的荡然无存，其实是指家庭所秉持的"只耕田，只读书，自然富贵；不欠债，不健讼，何等安宁"这样一些古典原则的式微，是指"耕读两途，读可荣身耕可富；勤俭二字，勤能创业俭能盈"这样一些传统内容的沦落，是"志欲光前，惟是诗书教子；心存裕后，莫如勤俭传家"这样一些旧时理念的散淡，而不是家风本身的消逝。

此外，家风不同于家规。虽然这两个词都与家庭教育相关，但它们有着本质的差异。

家规是家庭或家族中的规矩,是家人所必须遵守的规范或法度,是父祖长辈为后代子孙所制定的立身处世、居家治生的原则和教条。它是借助尊长的权威,加之于子孙族众的又一重道德约束,有的甚至具有法律效力。它有家训、家诫、家仪、家教、家法、家约、家矩、家则、家政、家制等名义,有敬祖宗、睦宗族、教子孙、慎婚嫁、务本业、励勤奋、尚节俭等多方面的内容,是行于口头、针对性强的具体教诫,是见诸家书、目的明确的谆谆训诲,是载诸家谱、可供讽诵的文本规条。家规可以有多种分类,如:根据其表现形式,可以分为教诫活动的家规和文献形式的家规两种;根据内容,则可以分为针对一人一事、起因明确、内容具体、结果显豁的非规范性家规和针对整个人生、涉及方方面面的规范性家规。有的家规,着重家庭子弟的道德修养,教授为人处世要法;有的家规,集中居家治生,以至是祠堂、义庄、学塾等的管理规条。但无论如何,相对于家风,家规一个总的特点是有形的,是可视可见的。

一个家庭的家风有别于这个家庭世代相传的道德准则和处世方法,它是一个家庭的性格特征。虽然它一旦形成,也就成为教化的资源,对家族子弟具有熏染影响、沾溉浸濡的意义,但它是一种不必刻意教诫或传授,仅仅通过耳濡目染就能获得的精神气质,具有"润物细无声"的作用。历史文献中的"渐渍家风",就极为生动形象地诠释了这一过程。通俗地说,我们可以把家规看作教化家人的教科书,而家风则是经由长期教化后的结果。

2014年春节期间,中央电视台的"家风"系列报道,引起了社会的热烈反响和高度认同。这一报道对于引导人们自觉省思,培植良好的家风,构建和谐的家庭关系，夯实家庭这一社会的堡垒，进而培养全社会的良风美俗，疗治现今社会的乱象，无疑具有积极的意义。正是基于这样一种用心，《寻根》杂志主编郑强胜代表大象出版社，约请我主编这套"名人家风丛书"。

第一辑十种出版之后，广受读者好评、社会欢迎。众多媒体都曾予以推荐，并入选国家新闻出版广电总局向全国青少年推荐百种优秀出版物、入选第二届中华优秀传统文化普及图书50种图书推荐目录，出版社也一印再印。受这种情势鼓舞，强胜兄按此前我们商议好的计划，不失时机地敦促我们启动了第二辑的编写工作。2016年5月18日，他给我发来了《"名人家风丛书"第二辑编写建议》，第二辑的编写工作由此启动。

受2015年马克思主义理论研究和建设工程重大项目暨国家社科基金重大项目"中华优秀传统文化的创造性转化与创新性发展研究"首席专家于丹教授的邀请，我担任了这一课题子课题"当代中国伦理文明与家教门风的重建"的负责人一职。本辑十种的编写，也是该子课题研究工作的一部分，并受到了该课题的资助，王立刚居中做了大量的工作。

本辑的编写者，依然主要是我的学生，也吸纳了个别对此有热情、有研究的朋友参加。由于时间仓促，特别是水平所限，其中肯定会有这样或那样的问题，诚挚地希望读者不吝赐教，以便我们把这项工作做得更好。

北京师范大学国学经典教育研究中心　徐梓
2018年1月

目录

第一章　七世积淀，家道中兴　1

　　第一节　逄戈庄刘氏源起　2

　　第二节　承前启后：五世刘通　4

　　第三节　门庭转换的关键：六世刘必显　7

　　第四节　清廉爱民美名扬：七世刘果　18

　　第五节　夯实清廉门风的奠基人：七世刘棨　31

第二章　光宗耀祖，家族鼎盛：八世刘统勋　49

　　第一节　刑名水利，冠绝机敏　53

　　第二节　刚直忠谏，匡正朝纲　67

　　第三节　知人善任，秉公荐才　82

　　第四节　清廉正己，刚正不阿　90

　　第五节　朝之股肱，决疑定计　95

第三章　家教延绵，同守家风：九世刘墉　107

　　第一节　坚毅不拔，三任编修　109

　　第二节　整肃学风，选举人才　115

第三节　帖学之冠，以砚会友　122

第四节　刚方正直，俭朴清廉　127

第五节　和睦团结，共守门风　144

第四章　世家衰落，家风犹存　149

第一节　吏部尚书刘镮之　150

第二节　布政使刘喜海　155

结语　159

参考文献　161

第一章
七世积淀，家道中兴

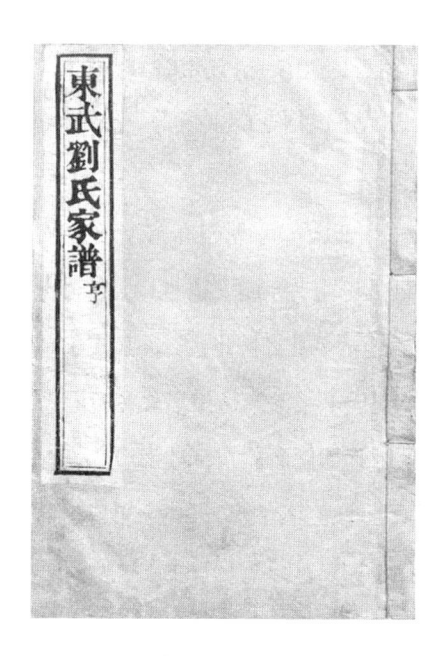

《东武刘氏家谱》

第一节　逄戈庄刘氏源起

在清朝,诸城县属于山东青州府管辖,诸城刘氏不仅包括刘墉这一脉的逄戈庄刘氏,还包括芝畔刘氏等,但是,说起诸城刘氏,则特指前者——逄戈庄刘氏。

诸城逄戈庄今天大部分划归高密境内。据《东武刘氏家谱》记载,清爱堂刘氏先世本砀山(今属安徽省)人。明代弘治年间,逄戈庄刘氏始祖——刘福举家迁徙至此。自此,刘氏家族子弟便围绕逄戈庄,向四周繁衍。即便后来,刘氏子弟渐渐逸出诸城,人们仍以诸城为刘氏郡望。刘统勋、刘墉父子便因其郡望而被人合称为"大小刘诸城"。

逄戈庄刘氏原本家境清寒,三代子弟皆为面朝黄土背朝天的农家人,直至四世刘思智才"以文学补邑庠生",始有读书人。虽说刘思智的层次很低,但他毕竟是刘氏家族历史上的一个关键人物。自此,刘氏家族子弟渐渐通过科举等迈入仕途,刘氏家族亦渐渐兴旺起来,道光之际,便在诸城望族中居于冠首。

其实，诸城刘氏不仅为山东世家翘楚，而且乃是享誉全国的名门望族。康熙、乾隆和嘉庆三朝皇帝相继褒奖刘氏，康熙首先赐匾"清爱堂"，乾隆继而赞誉刘氏为"海岱高门第"，嘉庆则赞扬刘氏"怀旧仰高风"。三朝皇帝的褒扬令诸城刘氏清廉爱民的美名扬天下。

诸城刘氏究竟有何种魅力，能获得三朝皇帝的青睐呢？这要从诸城刘氏子弟成员说起。

自五世到十四世，刘氏家谱上共出了4个翰林，11个进士，42个举人，149个监生，59个庠生。其中，3人官至一品，7人官至二品以上，有品官衔（含封赠）多达411人次，无品官衔（含封赠）多达91人次。刘氏家族子弟不仅广泛涉猎水利、刑名、医学、书法、钱币学、金石学、版本目录学、史学、文学等多个学术艺术领域，而且还是其中的佼佼者，如清朝一代水利、刑名名臣刘统勋，帖学之冠刘墉，瘟疫学家刘奎，钱币学奠基人刘喜海等，真可谓人才辈出、科甲望族、门庭赫奕。连史学家也为刘氏子弟留下了浓墨重彩，《清史稿》收录刘果、刘棨、刘统勋、刘墉、刘奎、刘镮之6人入传。

纵观刘氏家族子弟，其中最负盛名的当属刘统勋、刘墉这对父子。在清朝汉族重臣中，唯有张英、张廷玉父子可与之比肩。刘统勋更被誉为"百余年名臣第一"。在诸城刘氏清廉门风的熏陶和父亲的严格教诲下，出身名门的刘墉秉承家族志趣，以勤学奋进为信条，以清正廉洁自守，将诸城刘氏家族的发展推向了高峰。

第二节　承前启后：五世刘通

如果说四世刘思智补邑庠生是诸城刘氏家族发展史上的第一次转折，那么其子刘通则承袭先父之志，成为刘氏家族发展转折的关键人物。刘通和其父一样，仅是邑庠生，但是却凭借一股倔强和正义之气，第一次为刘氏家族赢得了社会声誉，名字进入官修《诸城县志》。

《诸城县志》属地方志。地方志，也称方志，号称"地方百科全书"，按照本地区各方面的情况，分门别类记述各项事业的发展过程。无论是过去，还是现在，唯有对地方发展有一定影响力的人物，方能入选地方志。刘通能够入选《诸城县志》，必然有其过人之处。其特别之处究竟有哪些？

第一，倔强刚正，不畏强权。据清初安丘名士张贞撰写的《刘必显墓碑铭》等史料记载，那时邻村有一个恶霸，飞扬跋扈、欺人无数，百姓不敢反抗，唯独刘通倔强不屈，"独不为下"。在当时，处于社会底层的人想平稳过日子，多数要看人脸色。刘通能够挺直腰板不畏强权，自然与他倔强的性格有关，同时也从侧面反映出刘氏家族的境遇在刘通这一代，已经有了好转。邑庠生好歹算个功名，不至于被人生生欺负了。刘通身上这股倔强的精气神，恰恰是一个家族振兴、由社会底层跻身上层所必备的要素之一。

第二，勤学乐学，重视教育。刘思智作为邑庠生，开启了刘氏家族读书之风，但是毕竟层级很低。此时的刘氏家族只不过是崛起于乡里的秀才人家，仍然处于社会底层。在以"士、农、工、商"为次序的四民社会中，人们崇尚"学而优则仕"，对于普通民众而言，考取功名是跻身仕途、光耀门楣、实现阶层流动的重要途径。

刘通深知这一点，他将希望寄托在长子刘必显身上。刘通不仅刻苦用功、以身垂范，而且亲自教子、以助成才。在日常生活中，每每遇上欣赏的文句，无论是古人的，还是今人的，他便激动地抄录在纸上，或者书写在手掌上。每当他带着片言只语，或者举着手掌兴奋地回家，儿子们便知读书时间到了。刘通这种一以贯之的学习热情，为其后代养成浓厚的学习兴趣打下了基础。刘必显和其幼弟刘必大在浓厚的读书氛围的熏陶下，奋发图强，分别于明天启四年（1624）和清顺治十七年（1660）中举人，清顺治九年（1652）刘必显中进士。

第三，仗义疏财，乐善好施。倔强的刘通还是一位有仁慈之心的侠义之士。明崇祯十四年（1641），刘通家乡一带遭遇饥荒，灾民四处流浪，有的甚至无奈地自卖求生。刘通在高密贮沟集（今注沟镇）上，购买了这样一名可怜的妇女。不久，刘通感慨于其夫妻分离，转而撕毁卖身契，准许该女子回家与丈夫团聚，对于已付钱财只字未提。不仅如此，热心的刘通，还曾经卖掉自家的田园，只为帮别人平息诉讼。仗义疏财、周济乡邻，不为自身利益，只为心中的正义，实属难得。可以说，刘氏家族子弟很早便有了正义的基因。但是，刘通的正义之心和倔强不屈也为他招来了杀身之祸。

清顺治元年（1644），山东各地纷纷涌现农民暴动。诸城一带活跃的暴动首领徐南柳、李德斋掳掠逄戈庄，刘通对之深恶痛绝，责以大义，坚决不屈，结果被杀死。其子刘必显为了躲避战乱，举家迁至南方，直至暴动平息后才重返故土。

第三节 门庭转换的关键：六世刘必显

刘必显（1600—1692），字微之，清顺治年间进士。幼年时期，刘必显被人以小字取笑。他竟然不惧不卑、直斥对方，令其沮丧而去。这种眉眼之间透出的慑人气势，令其父暗暗称奇。正是这样一个天赋异禀的人，成为刘氏家族史上第一个举人，第一个进士，第一个出仕为官者。

一、为学之道：心志沉静，坚韧不拔

1.心志沉静的少年

在父亲的熏陶下，刘必显自幼便对读书产生浓厚的兴趣，长大后，成为一个心志沉静、意念专一的读书人。

据张贞的《杞田集》记载，12岁那年，刘必显远离家乡，跟随叔祖读书。远离父母的监督，年幼的孩子们玩闹成性，沉溺于樗蒲嬉戏之中。樗蒲是五枚一组的木制掷具游戏，也叫五木之戏，类似于今天的飞行棋。所

用的骰子可以组成六种不同的排列组合,也就是六种彩。其中全黑的称为"卢",是最高彩;四黑一白的称为"雉",次于卢;其余四种称为"枭"或"犊",为杂彩。掷到贵彩的,可以连掷,或打马,或过关,杂彩则不能。

"来来来,你也试一试!""一起玩呀!"身边的少年们不断催促着。

"不去,我今天的功课还没完成呢!"小小年纪的刘必显却有着自己的判断。

"有什么好读的,你父亲又不在身边,不用担心他责罚你。"同伴说。

同伴的不学无术,令刘必显感叹:"辞别双亲,为的是学有所成。如果在此游戏人生,便不必背井离乡了。"当其他同伴玩耍时,只有刘必显正襟危坐,读书不辍。任凭同伴如何诱惑,刘必显始终不为所动。

王培荀的《乡园忆旧录》里也记述了刘必显超乎寻常的自律精神。刘必显生逢乱世,年少时,曾与村民山中避乱。众人正在惶惶不安中,突然听到琅琅读书声。按常理推断,乱世之中,前途未卜,人心浮躁,哪还有闲情逸致读书呢?于是,喧嚣之声骤止,众人循声寻迹,找到了这个在石头上摊开书本,聚精会神读书的少年。

虽然说"两耳不闻窗外事,一心只读圣贤书"是古人求学的境界,但是,又有几个人能有这份沉静的心境与淡然的气度呢?

2. 52岁老进士

据说,刘必显自小就是读书的料,举凡所读之书,"读一再过,即成诵"。24岁时，他便中了举人。只是自此，刘必显向上的进士之路几多波折，可谓屡战屡败，屡败屡战。直至28年后，52岁的他才终于考中进士，实现了平生夙愿。这一场自举人到进士身份的转变，竟跨越了两个朝代，从明天启四年（1624）到清顺治九年（1652）。

24岁，正是意气风发的年纪，作为乡试第六名的才子，刘必显自然走上了继续考取功名的道路，只是未曾想到等待的时间竟这么久。其实，中了举人，便意味着有了做官的资格，一只脚已经迈入了仕途。举人需要自己谋划一二，不像进士可以由朝廷统一分配官职。当时刘必显本比他人更具做官的资格，可是他十分倔强，耻于求人，一心要凭自己的本事考取进士，赢得功名。这漫漫科举之路，竟致家徒四壁。周围亲友见他进士之途艰苦难行，纷纷劝他当为自己和家人谋划，另谋出路。这本是寻常劝慰的话，但是刘必显听后却不乐意了。他严肃地道出了考进士的真实原因：启牖后人。

原来，刘必显深知自己性情傲急，既不适合做官又没有做官的兴趣，之所以一再坚持，为的是以"进士"二字鼓励后人好好读书，继续科举之路。他一生把子女教育看得最为重要，更深知言传不如身教的道理。即便他屡试不中，但是至少让子女看到父亲坚韧的品性和为奋进而做出的努力。若有幸考取进士，则更可以激励后人笃学行思。

幸运的是，刘必显的努力终有回报。古语说："三十老明经，五十少进士。"对历史而言，52岁的他只是芸芸"少进士"中的普通一员。但是，对孩子而言，他是以实际行动践行"天道酬勤"的伟大父亲。就是这样一位执着的父亲，为诸城刘氏后人定下了明确的努力方向，开启了刘氏家族崇尚科第的门风。

二、为政之道：廉隅自重，正直不阿

考中进士后，刘必显初授行人司行人，捧诏偏沅，之后晋户部河南司主事，管八旗户口，监督通州中南仓。康熙三年（1664）他出榷芜湖钞关，康熙八年（1669）补授户部广西司员外郎。从官位来看，刘必显仅做到从五品员外郎，远没有子孙官衔高。但是，刘必显为刘氏家族的为政之道规定了家法，树立了正气。

1. 掷金令还之

刘必显在担任行人司行人、颁诏偏沅时，其高风亮节、正直不阿令人敬佩。

行人司主管传旨、册封等事。行人，就是通史之官。而偏沅是一个古巡抚名，明万历年间设置，先后驻扎偏桥镇（今贵州施秉东北）和沅州（今湖南芷江）两处黔、楚重镇。清康熙初增设湖南省，移偏沅巡抚于长沙府。刘必显当时以户部主事偏沅颁诏，去的就是沅州。

他以户部主事千里迢迢奔走偏沅颁诏，不仅按圣意见到了当时的巡抚袁公，还出乎意料地见到了一个金陵姓马的男子。原来，马生有求于当时的巡抚袁公，希望谋得柳州同知的官职，袁公应允。事情本来与刘必显没什么关系。但是，恰恰在这个节骨眼上，他作为朝廷颁诏的使人，到了沅州。按照惯例，行人颁诏，可以获得些许感谢费。袁公的盘算可谓精明，竟然让马生拿出银两馈赠给刘必显。

刘必显一看，心下明白几分，笃定内中定有隐情，便不断追问资产来源。迫于刘必显的压力，马生才道出了实情。原来，这点馈赠金竟然是马生将妻、子抵押给一个营将所得。这下可把一向提倡清苦廉洁的刘必显惹怒了，他毫不客气地训斥道："今日，你以利债连累友朋，他日又怎么可能做到清苦自守。你若能为官廉洁，便是我拜当事之惠了。"说罢，便冷冷地将银两扔在地上，命令他马上还给那个营将。听闻风声，这个营将也赶快收回了银两，刘必显则分文不取而归。

2. 高风亮节名颂扬

颁诏偏沅行程结束前，刘必显的仆人惹了天大的麻烦。

这天，闲来无事的仆人射鸟取乐。没想到，鸟没射中，反而射中了一个小孩，致其命在旦夕。这个小孩可不是普通人家的孩子，乃是一位军人的幼子。军营里面长大的孩子，早就成为军人们共同的宝贝。消息传到军营，热血的军人们群情激愤。于是，一群硬汉子，不顾忌刘必显朝廷命官的身份，纷纷围堵在他的行署外，叫嚷着要讨回公道，血债血偿。

面对情绪越来越激动的军人们，一时之间，刘必显主仆也无可奈何，眼看着将有性命之忧。千钧一发之际，远远地赶来了一个人。此人，不是别人，恰恰是孩子的父亲。他上气不接下气、大汗淋漓地跑来。

"请大家听我一言！"军人们一看，纷纷让出了道路。

"小孩遭射纯属意外，生死有命，无关他人。更何况，刘使君怎么可能是那种纵容仆人随意伤人的官员？"原来，他是听闻军人聚众于此，心知刘必显有难，便顾不上心中的悲伤，赶来解围。

此话一出，全场瞬间鸦雀无声。在场的军人们，记起来前不久刘必显掷还不义之财的事情。此事在军营中早已传为佳话。是啊，这样一位高风亮节的大人，怎么可能纵仆伤人？！既然孩子的父亲都已经不计较了，自己又何苦在这里为难别人呢。众人于是默默散去。

不久，这个小孩死了。丧子之痛，如何能忍？可是，这位父亲忍住了，不仅毫不怪罪刘必显，而且婉拒了刘必显所赠送的丧葬费。刘必显为人令人信服至此。

3.秉公敢翻案

刘必显做官时，正处于清初满汉关系敏感期。天下初定，汉族政权覆灭，满族人掌握了政权。如何处理好满汉之间的矛盾，不仅当朝皇帝为之忧思，各大小官员在各种场合中也分外谨言慎行，生怕处理不当而惹祸上身。谁知，刘必显就恰巧碰上了。

案子的原委着实有些可笑和可恨。一名汉人为巴结旗人，想出了进献家产的主意，奈何引狼入室。旗人不仅乐呵呵地收了这名汉人的家产，还盯上了他两个弟弟的。原来，该汉人的两个弟弟家产颇为丰厚。因此，旗人打的如意算盘是将汉人两个弟弟的家产一并私吞，并收之为奴。该旗人不仅十分大胆，而且确实有些门路，居然令此丑事几乎落实在案。这便引起了献产者两位弟弟的极端不满，原本生活安逸，衣食无忧，突然间家产遭没收，还要成他人之奴，这种无妄之灾怎么就落到了自己的头上？即便对方是旗人，又怎么能忍？于是，两位汉人到处请托说理，案子越闹越大，这引起了刘必显的注意。此时，刘必显正任固山司理，掌管旗人户口。

一边是贪婪的旗人，一边是委屈的汉人，是非曲直其实一目了然。只是，这旗人是能轻易得罪的吗？刘必显只是一个汉官，敢管吗？但是，刘必显是谁？他是幼年英气、颇具胆识、心智坚韧、屡败屡战之人。面对旗人的威胁，耿直端正的刘必显不畏强权，没有丝毫犹豫，硬生生地更改了文书，处理了不合理的部分，为汉人的两个弟弟保全了家产。但也因此得罪了旗人，被降为通州中南仓官。对此，刘必显很坦然，欣然赴任。

4.外枣非义焉能纳？

"到门偏厌客求鱼，下榻先言未扫除""官府计斗难分俸，隙地成园自剪蔬"，这是刘必显的同乡好友、清代著名文学家丁耀亢所赠的诗。说的是刘必显被派往通州督理中南仓时的一段往事。

通州中南仓是专门用来储藏江南等地运输而来的粮米的仓库。自古以来，仓储都是关系国计民生的大事。刘必显所任官职虽然不高，但却事关国家经济命脉。若在位之人有一点贪婪之心，后果不堪设想。刘必显能调至此处，想来与其素日节俭清廉有关。

作为一个清廉端方、眼里容不得沙子的人，刘必显刚刚走马上任，想的不是如何给自己捞些好处，搜刮民脂民膏，而是要革除一切陋规。他仅领微薄俸金，生活清苦，常常数十日只有素食，而无荤肉。为了补贴家用，他在官舍后开荒种菜。即便如此，他仍然尽心尽职，坚决不取一分不义之财，即便是同乡所赠的礼物也无一例外地拒收。

一天，负责押运的同乡武官专程求见刘必显，想把家乡的无核枣和银色的酒杯作为礼物，进献给他。刘必显却吃惊地说："故人是知道我素日为人的，今天，怎么能够以此坏了我的规矩，污了我的名节呢？"同乡武官说："哎呀，只是家乡带来的枣，不打紧。"刘必显则坚定地说："但凡来自他人，就属不义之财。"当下立即推辞，坚决不受。

于庙堂之上，能端正己身；于亲友之间，能坚守原则。这份定力，实属难得。

5.谦慎持重不张扬

在中国历史上，朝中官员是不得干预地方行政的，甚至明太祖朱元璋曾向全国各地学校颁布"禁例十二条"，禁止生员参与或干预地方政府的行政事务。各学校将此禁条刻在石碑上，这就是历史上有名的"卧碑"。但是，朝廷中官员随意干预地方的事情仍然时有发生。不过，刘必显却将这一规定贯彻始终。

一日，诸城县派人专程拜访刘必显。刘必显听闻后，赶紧迎了出来，但是一听是为了修县志而来，当即表态"我平日从不敢干预县事，纂修大典更加不敢过问"，生生给回绝了。作为全面记载某一时期某一地域各方面的书籍文献，历代地方志纂修时尤为重视选材，务求广博真实。诸城县此次造访也不算突兀，想来也是为了获取更真实的一手资料或者得到一二指点。毕竟作为诸城县的名人，刘必显的事迹是值得载入县志的。

然而，刘必显有着强烈的自律意识。不仅如此，刘必显还约束家人，绝不干预地方政事。其后世子孙在家风的浸染下，也牢守家法。有一次，刘墉办事路经济南，前来要求谒见的人络绎不绝，刘墉一律不见，唯独对诸城县令开了绿灯。为的不是拉拢地方官，给自家族人何种照顾，而是直接讯问家人有无违法乱纪、骚扰地方政事的不良行径。有家长如此，子孙后代何敢违之！

6.辞官归里

性情傲然、耿直端方的刘必显，不会也不屑于圆滑变通之术。何况做官本就不是他考进士的初衷，几年仕途走下来，这官场中复杂的人际关系愈加成为他的心中负累，辞官退养之意渐渐萌发。

康熙三年（1664），刘必显出榷芜湖钞关，不久便假归里门。康熙八年（1669），刘必显补授户部广西司员外郎。但是，到任数月，刘必显便潇洒地辞去了辛苦得来的官职，再次回归故土，怡然于山水之间，永不出仕。

这份洒脱着实让人瞠目，然而在刘必显身上却又那么自然。这份淡然，从他的诗中亦可得见。在他的《西水公诗集》中，有《题槎河山庄亭壁》诗云："十年尘梦冷鱼矶，又向滩头理钓丝。久客乍归鸥作伴，短墙半缺水为篱。月明星影窥窗际，夜静溪水到枕时。独坐悠然成大觉，挑灯拂壁一题诗。"寥寥几笔，将他悠然自得的心境，寄情林泉的生活描绘得淋漓尽致。

回归故里的刘必显，隐居五莲槎河山庄。这里成为刘氏家族兴旺的又一发祥地，刘氏子弟大多在此埋首苦读，在刘必显严厉的家法和亲身教导下长大。

三、为父之道：课子孙，务端方

作为刘氏优良家风的奠基人，刘必显"以读书教子为能事，以积德制行为真诠"。据逄戈庄的村民说，刘必显有"为官清廉、积德行善、不做夸官、不立碑传、勤俭持家、丧事从简"的家训。在他的影响之下，诸城刘氏家族初步形成了崇文好儒、崇尚科第、清廉爱民的家风。

1.重科举，课子孙

刘必显的一生与科举结下了不解之缘。他活了92岁，52岁时考取进士，只做了几年官，便很快请辞回乡。他将金榜题名看作一个父亲应尽的职责和荣耀，更将教育子弟续写家门科第作为奋斗目标。因此，他的前半生一直在赶考中度过，后半生则致力于刘氏子孙科举大业。重科举，课子孙，便是刘必显一生最为执着的事情。

晚年归隐的他一心耕读，亲自辅导子孙功课，不再过问世事。他以言传身教影响后人，也用家法规范门风。在槎河山庄的日子，他也时不时地板起面孔，教训那些不好好读书的小辈。他一生不眷身外之物，晚年更不惜将喜爱的槎河山庄赠予中进士的三子刘棨，以资鼓励。

世间最怕"执着"二字。在刘必显的教导之下，刘氏家族人才辈出，科举之路越走越顺。刘氏家族一门11个进士，42个举人，149个监生，59个庠生的辉煌盛卷由他开启，徐徐展开。仅就刘必显祖孙三代而言，其弟刘必大中举人；长子刘桢，贡生，考授从六品；次子刘果，顺治十一年（1654）举人，顺治十五年（1658）进士；三子刘棨，康熙十四年（1675）举人，康熙二十四年（1685）进士；四子刘棐，附监生。他的17位孙子中有12个举人，3个进士。

2.务端方，厉廉隅

仕途之路，刘必显走得很从容。

在功名上，他用尽半生，孜孜以求。在为官上，他年过半百，扬鞭奋蹄。对于一个52岁才开启人生新征程的人而言，为官之道，不可谓不晚。虽然志不在官场，但对于迟来的仕途之路，他亦坦然接受。

他不急功近利，只想踏踏实实地做好本职工作。做行人司行人，他捧诏偏沅，拒收不义之财；监管通州中南仓，他革除陋规，清苦俭朴；出榷芜湖钞关，他改立进单之法，严禁蠹吏需索，受商民爱戴。

他洁身自好，廉隅自重，谨言慎行，秉公执法。他是这样做的，也是这样要求子孙的。据《诸城县志》记载，刘必显"在官不及十年，然风裁峻整，不可以私干，教子孙亦以廉隅为吏治之本"。

他的高风亮节成为"清爱堂"刘氏优良家风的积淀。无论是早年备考时，还是晚年归隐后，他将端正淡然的气质和心性，融入平时的举手投足中，融入对子孙的谆谆教诲中。对刘氏子弟而言，刘必显不仅是那株参天的古木，庇佑子孙枝繁叶茂，而且是那个挥舞着剪刀的辛勤园丁，导引子孙走向正途。其后裔，尤其是考中进士的两个儿子，刘果与刘棨常年陪伴在老父亲身边，耳濡目染，聆听教诲，将清廉家风发扬光大。

第四节 清廉爱民美名扬：七世刘果

刘果，刘必显次子，号木斋。比起父亲刘必显，刘果的科举之路明显顺畅得多，在顺治九年（1652）其父刘必显中进士后，仅隔一年（1654）他便中举人，四年之后（1658）又中进士，为刘氏家族更添荣光。刘氏父子的接连中榜，使刘氏家族在当地的社会地位飙升。

一、文武双全美髯仲

刘果这样一个才子，幼年时却曾是一个心智未开的后进生。据《诸城县志》记载，刘果生逢异象，这似乎注定了这个孩子的与众不同。六岁时，刘果便被严厉的父亲送往学塾开蒙。或许因为正是贪玩的年纪，刘果见到书就头晕脑涨，丝毫不见长进，直到遇见一个道士，才算开了窍。说来也巧，道士本是到刘府寻其弟子，未料与刘果偶遇。那道士拉起刘果的手，一边细细端详，一边口中念念有词，念毕忽然离去。刘果自此"日诵数百言终身不忘",其学问迅速精进,十岁便去考了童子试,试文令人拍案叫奇。

没过几年,刘果长成疏眉美髯、独特不凡、身材伟岸的美少年,被人们亲切地称为"髯仲"。据其好友著名诗人田雯描述,刘果"磊落倜傥,天资绝世"。如同他讲义气的性格一般,他的相貌气质,颇有些武官的豪气。实际上,他也的确不同于一般手无缚鸡之力的文弱书生,反而颇有勇力、擅长马射。

他是父亲身边好学的儿子,还是强壮有力的保镖。明末,天下大乱,时局不稳。崇祯十五年(1642),清军因明军固守北京,而分四路绕过北京,其中一路主力便行至山东,杀伐掳掠,而山东境内的贼匪也趁机作乱。刘必显不幸被劫持数次,性命堪忧,是刘果拈弓搭箭,百发百中,屡次解围。

他的英勇武略渐为人所赏识。崇祯帝自缢后,明王室及成员逃到南京,组成南明政府,刘果此时也随父亲避难南京。同县表亲、时任南明御史的郑瑜听闻刘果的英勇事迹,便一心想招募其到军中做军官,但刘果却说:"家世业儒,虽未能以文章名世,终不敢投笔事戎。"如此看来,崇文好儒的理念早已深入刘氏子弟血脉。清朝定鼎,天下初定后,刘果随父亲返回诸城故里,感叹于家徒四壁、荒野丛生的破落景象,誓要用功读书,发愤图强,自此弃武从文。

二、夜烛治官书

受父亲的影响,刘果骨子里带着一股刚劲。与他初识的人,往往觉得他很难相处，但是处得久了，便极为欣赏他的坦荡之气。康熙三年（1664），刘果初任山西太原府推官时，便谨遵父亲的教诲，清廉秉公、勤政爱民。

推官，专门掌管狱讼之事。清初沿用明制，推官共需听审三类案件：一是百姓递交的案件，即实行初审权，对杖罪以下的案件可直接发落；二是上级各机构批发下来的案件，即为上司代行审理，再将审理结果上报；三是州县案件的复核，即作为州县上级，府一级的司法官员，审核州县初审的杖罪以上的案件。

可见，府一级的推官所要面对的案子千头万绪，一个不小心，极有可能出现冤假错案。而要成为一名优秀称职的推官，不仅需要具备丰富的司法经验和刑名知识，还需要秉公廉正，心智坚定。为了丰富自己的法律知识储备，更出于谨严慎重的考量，即便审判的案卷已积压成山，刘果亦亲自过目翻阅，从不假手他人。为推官的日日夜夜中，刘果始终与长短不一的案宗为伴，在反复斟酌中下笔判案，在扑朔迷离的案子中抽丝剥茧，在触及生死的边缘感叹人生。

他判案公正，但对犯人常有恻隐之心，甚至将欧阳修的《泷冈阡表》"夜烛治官书"一段抄录于墙壁之上，每判一犯，便读一遍。

《泷冈阡表》是欧阳修在他父亲死后60年所作的墓表，被誉为中国古代三大祭文之一。在表文中，欧阳修借母亲的回忆，盛赞了父亲任绵州军事推官时的仁厚。欧阳修母亲说："你父亲任推官时，常常在夜里秉烛审阅刑事案卷，屡屡发出长长的叹息。我不解地问他。他便说：'这是要判死刑的案卷，我想放一条生路却办不到！'我问：'可以为死囚找一条生路吗？'他说：'无法免除他的死刑，那么死者和我都没有遗憾了。也确实有求一条生路，因而救活一个人的。正因为有得到赦免的，才明白不被认真审判而被处死的人可能有遗恨啊。就这样经常求生路，一不小心，仍不免错杀；偏偏世上总有人希望这些人死去。'"

刘果钦佩欧阳修居官仁厚，深知百姓之不易，因此时时提醒和约束自己。在他当推官时，太原府没出现一宗滞留未审的冤案。

刘果的仁慈之心，也影响了胞弟刘棨。刘棨任江西按察使时，正遇上恩诏大赦。但是，大赦范围虽广，对于死囚犯的赦免，却是有条件要求的。凡犯谋逆、大不敬等罪的死囚，即便遇上大赦，刑罚亦不可免。刘棨深知一份赦免名单，牵涉着多少犯人及其家庭的悲欢离合。同他的兄长一般，他敬畏生命，勤政爱民，因此格外慎重。这其中尺度松则有违圣意，尺度太紧则多一个冤魂，当中的分寸拿捏，绝非易事。为了给更多犯人活命的机会，刘棨亲自勘查每个死囚的案子，详细辨正罪因，最终有数百人被豁免死罪。

三、死黄鼠瞒不了"活青天"

虽然在官场上，推官只是七品官，掌握的权力有限，但对于百姓而言，已经是掌握重权的"青天大老爷"了。推官品行是否端正直接关系着案子判决公平与否。推官心怀坦荡，则百姓欢欣鼓舞；推官蝇营狗苟，则民怨鼎沸。做一个好官，势必得罪人，尤其是那些喜欢走歪门邪道的权贵之士。刘果一直坚持明辨是非曲直，不受利益所诱。且说刘果做官做得好好的，竟碰上了一个探触他底线的人。

"老爷，咱们和那个推官并无私交，况且听说刘果素来清廉。我看咱们这争产的官司恐怕要悬。"

"担心什么！都说刘果清廉，我看未必。世人总有弱点，旁人恐怕是没有投其所好，哪有不喜欢钱的呢。这次咱们砸下重金，多送一点。黄金五百两，看他收不收。"

"老爷说的是。"

"等等，送一张黄鼠皮，把黄金装在里面，掩人耳目。"

可见，为讨刘果欢心，这个富家老爷也着实动了一番脑筋，只可惜，他遇上的不是旁人，恰恰是家教甚严、一身正气、胸怀坦荡、表里如一的刘果。

金灿灿的黄鼠皮闪着狡黠的光芒，诱惑着刘果步步靠近。而刘果只是冷冷地拒绝，并无一句婉言，争产的诉讼也并无一丝偏袒。人们都说，太原府里出了个"刘青天"，死黄鼠瞒不了"活青天"。久而久之，刘果清廉之名广为传颂。

四、恩威并施治匪祸

康熙六年（1667），清朝废除推官，刘果由太原府推官改任河间知县。

河间处今河北省中南部冀中平原上，清初此地盗贼猖獗，山贼、土匪经常骚扰地方，威胁百姓性命财产安全。如此看来，这河间知县可不是什么美差。但是，既来之则安之，治匪求安成为刘果上任后的第一要务。

如何应对河间一地的农民武装？刘果陷入沉思。

清初，农民武装风起云涌，为清廷所忧，其中影响最大的是交城县葫芦川农民武装。其势力庞大，达万余人，领袖傅青山武艺高超，能左右射，颇有号召力，为人胆大，曾计划夤夜入城杀交城知县赵吉士。面对这样有目标、有组织、有势力的硬骨头，刘果给赵吉士的建议是"以剿代抚"。既然他们以反清为目标，安抚是没有用处的。

但是，河间县与交城县不同，此处的山贼、土匪即便有反清之心，但他们中间并没有像傅青山一样的核心人物，不成气候。思来想去，刘果决定恩威并施。

一方面，他以仁慈感化匪贼。自古以来官匪要么势不两立，要么沆瀣一气，但刘果两者都不选。他没有下剿杀令，而以安抚为上策，对当地贼匪晓以大义，希望他们放下屠刀，回头是岸。另一方面，他推行保甲法。保甲法乃北宋时期王安石首推，旨在稳定地方秩序，并节省军费。该法规定乡村住户每十家组一保，五保为一大保，十大保为一都保，分别选出其中最富有的一户担任保长、大保长、都保长。每家但凡有两个男丁，必须出一男为保丁，参与军训治安。这些保丁农闲时集合军训，夜间则轮流巡查，维护治安。刘果通过这种方式，在河间县建立起严密的治安网，在维护地方安定上，既节省了军费开支，又提高了百姓自我防护能力。在软硬兼施之下，匪贼念刘果感化，又无用武之地，终于不剿而散。真可谓兵不血刃的典范。

五、初获"清廉爱民"褒扬

在刘果的努力下，河间县渐渐走出混乱动荡的局势，官吏也一改贪虐陋习，民心安定。河间县内外，方圆百里的百姓由衷感谢、称赞这位"刘青天"。七品知县刘果的清廉爱民声名远播，竟然传到了少年英主康熙的耳中。

康熙九年（也有说八年），康熙到直隶一带体察民情。在距离河间县尚有百余里的地方，曾微服私访于田间，询问百姓哪位守令贤能，听到的便是河间令刘果的名字。康熙将这个名字记在心中，进入河间县境后，继续暗访。在卧佛寺休息时，遇见一个白发儒生，康熙再次询问同样问题。只听老人家回答："我活了七十年啦，从来没有见到一个比刘令还贤能的官。"

前后两次从百姓口中听说同一个名字，这让康熙对这个七品知县产生了浓厚的兴趣。他当天便召刘果侍驾。一路上，君臣策马相伴，骑行二十余里，康熙细细询问刘果年次、出身、历俸，以及河间县徭役粮草等政事，刘果皆对答如流。一番交流下来，康熙满心欢喜，深以为此等贤臣在河间当知县，着实大材小用。他像对待家人般和颜悦色，直问刘果："平迁应得多少俸禄，提升又当如何？"话中已明显带有提拔之意。随后，康熙通告吏部"河间知县，清廉爱民，才具优长，着从优议叙"。吏部商议后，决定越级提拔刘果由正七品河间知县，升任正六品刑部江南司主事，预修《大清律》。只因刘果在河间县还有未完公事要处理，特准其完事后再行报到。到任后，刘果再次展现了卓越的专业才能和细致的分析能力。在任推官时，刘果大量翻阅案宗，已十分熟悉当朝律例。因此，到了刑部，刘果轻松地指出和修订了多处律法条例上的矛盾之处，以至于他的上司尚书艾元征、姚文然，遇疑难之事都要与他相商。

这是康熙帝与诸城刘氏家族子弟的第一次见面。对刘氏家族而言，"清廉爱民"是皇帝对刘果的褒奖，也是对整个家族的巨大鼓舞，是对清廉门风的肯定。这份口头褒奖，也是后来康熙题匾刘氏"清爱堂"的原因。

康熙十二年（1673），在刑部任职没几年，刘果便升四川司员外郎，进浙江司郎中。康熙十八年（1679），他擢江南提学道佥事。

六、夙负人伦鉴

"刘君奋才杰，高自标门墙。所过列巾卷，训饬故百方。"这是清朝著名诗人徐文元笔下的刘果，说的是刘果的识才爱才。诸城王氏子弟王堂、王概亦在《念庵府君年谱》中赞刘果"夙负人伦鉴"。可见，刘果善于识别人才，为世人所认同。刘果的这一能力从他对戴名世与朱书的赏识，可见一斑。

戴名世，字田有，"桐城派"奠基人、文学家。他痛惜明清之际许多可歌可泣的忠臣义士以及许多使人痛恨的乱臣贼子事，皆湮没于世，决心仿效司马迁，漫游天下，搜寻资料。他亲身游历河北、山东、河南、江苏、浙江、福建等地，访明朝故老，考证野史，相互参证，终成《南山集》。此书一经问世，广为流传，使戴名世文扬天下，百世流芳。

朱书，字字绿，与戴名世、方苞同是"桐城派"的主要代表，被称为"清初三才子"。其才华横溢，为当时文坛所赞，方苞称之"文章雄健"，戴名世赞他是"才气横绝一世，文章为百世之人"。

这样两个才子，在还是秀才身份时，就被刘果"拔之于稠人之中"，寄予厚望。戴名世在《送朱字绿序》中，记录了二人的初次邂逅及二人与刘果的渊源。

康熙二十三年（1684）初夏，戴名世乘船前往南京参加江南乡试，船到旧县（今安徽省繁昌县新港镇）北距长江约六千米的岸边，停靠码头。戴名世下船，与船家闲话家常。这时，原本立于岸边闲谈的两个秀才模样的人，冲着戴名世走了过来。

"听闻兄才口音，莫非是桐县人？"二人上前拱手问道。

"是的。"戴名世抱拳还礼。

听到这话，其中一人，即朱书，立马来了兴致，追问道："听闻桐县有一位叫戴田有的秀才，兄才可曾认识？"

戴名世暗暗称奇，但不知来人何意，尚不敢表明真实身份，便决定一探虚实，反问道："请问足下是哪里人，怎么会认识戴秀才？"

"我乃宿松人，平日听闻戴秀才的大名，只是无缘得见，所以问一下。"

这么一问，戴名世也来了兴致："足下家在宿松，可知道有位叫朱字绿的秀才？"

朱书回曰："我就是。"

戴名世大喜过望，哈哈大笑："戴田有就是我。"

二人相视一笑，欢然抵掌。三人便同到戴名世船中，盘腿而坐，各道平生，不禁惊叹人生之奇妙，共赞刘果之爱才。

原来，戴名世与朱书属于同郡，又都参加了刘果主持的考试，成绩均名列前茅。二人其实早就听过对方大名，见过对方写的文章，彼此神交已久,深为膺服,只因不在一个县考试,没有机会见面,彼此深以为憾。真是人生何处不相逢,今天竟然在此巧遇。说起平日交往,戴名世感叹道:"早就听恩师刘果公数次提起宿松有位叫朱字绿的秀才,文采斐然。今天终于得缘相见! 刘公素日好士爱才,常常念及能文之士,尤其是你。"一番话,感动得朱书潸然泪下。二人分手多年后,朱书作长诗《旧县遇桐城戴田有述学宪刘木斋先生相知之意感作》,感叹刘果蔼然之气。诗云:"自是双鱼来往复,君名往往存尺牍。蔼然气作五云生,见者人人如负曝。"

后来,二人果然不负刘果所望。戴名世会试高中会元,即会试成绩第一,殿试又高中榜眼。朱书则以选贡入太学,直至晚年才认真从事科举,50岁时,以殿试二甲四十名登进士,授翰林院庶吉士、编修,声誉一时。

七、识拔戴名世

"世有伯乐,然后有千里马。千里马常有,而伯乐不常有。"作为刘氏家族第一个担任学职的官员,刘果开创了刘氏家族识才爱才的家风。对戴名世而言,刘果便是那发现自己的伯乐。

戴名世,生于山林岩石之间,家境十分贫寒,自小胸怀大志、与众不同、高傲不羁,文字亦不流于世俗。戴名世深知凭自己的品性和文章,难苟同于世,因此,当刘果督学、检视众生时,他内心可能期待过,可是也不敢过多奢望自己的才能被刘果看中。但是,刘果不仅慧眼识珠,而且对其期许甚重。可以说,刘果对于戴名世而言,乃窘困多艰时期的第一缕阳光,照亮他继续坚持自我的人生之路。

戴名世正直傲气,非常痛恨那些欺世盗名的达官贵族和文人,但对于刘果，却是真心感恩。这从他写给刘果的书信中可见一斑。他平日言辞犀利，但回忆起刘果对自己的知遇之恩时，言辞恳切，充满着温情与敬意。

在戴名世心中，刘果如古代君子，"得一名士，终身不忘于心。其未得也，穷搜远索，孜孜而若有失；其既得也，长养而教育之，惟恐其无成"。他不仅赏识自己的文章，而且处处为自己振名，每每遇到本县的士大夫，还关切地询问自己的近况，可谓"无日而忘于心"。更难能可贵的是，恩师发掘和栽培自己，不为私心，并非希冀名士腾飞后对其感恩戴德，而只是出于公心，唯恐士子在尘埃中不自振。

刘果凭真心褪去了这位才辩隽逸的学子傲气的外纱，换来了戴名世的真心拥戴与感恩。正所谓"一日为师，终身为父"，刘果给予戴名世的信心和温暖，以及他的高风亮节，让戴名世每每思念，感极而泣。这份师生之情，亦令人动容。

对刘果而言，他欣赏戴名世，既是出于个人对其才学的偏爱，也是出于振奋江南学政的需要。当时江南人文渊薮，刘果"力挽狂澜，拔幽滞于前茅，置时髦于末第，而江南人文渐有起色"。诸城后世子孙如刘统勋、刘墉、刘镮之皆公心举荐，得才为盛，这种识才爱才的门风，可谓以刘果为源。

八、孝悌睦族情意长

自古以来，中国人崇尚的是"百善孝为先"。但也有一句老话是"忠孝两难全"。作为朝廷命官，尤其是在外做官，兢兢业业是本分，对家人则难免鞭长莫及，疏于照顾。刘果则将家人的性命安康看得比官位重要得多。

父亲刘必显考中进士后，以行人身份出使粤东，刘果此时正在京城准备殿试。此时，突然传来了祖母王氏病重的消息。但是，父亲远在外地出公差，身不由己，无法回家。未有迟疑，刘果果断放弃了殿试，疾驰而归。回到家后，亲侍祖母汤药，两个月下来，没有一句怨言和一丝倦容，直至祖母病逝。刘果的孝心和周到，让其父刘必显颇为宽心。

不过，刘果放弃殿试，也并不意味着他要重新从头考起。清朝的会试和殿试之间大概间隔一个多月。会试录取的贡士都有参加殿试的资格，殿试一般不会淘汰贡士，只是重新分定等第名次。及第者皆赐出身，称进士。一甲三人，为状元、榜眼、探花，赐进士及第，二甲、三甲若干，不限定额度，分别赐进士出身和同进士出身。

因会试与殿试之间有所间隔，所以，时常有因故未能参加殿试的情况出现。对于此类贡士，清廷还给予他们补殿试的机会，即准许参加第二年的殿试。补殿试与名次等级无关，许多补殿试的贡士，成为殿试的状元。

因此，刘果虽然放弃了当年的殿试机会，但是仍有机会参加来年的殿试。但不管怎么说，刘果也是放弃了一个最快的加官进爵的机会。这一点，可能很多人都做不到。这从侧面也反映出，刘果并非急功近利之人。

对于他的继母孙夫人，刘果同样尽孝。任江南提学道佥事时，刘果曾回家省亲。当时，刘果的父母已经获得皇帝封赏。虽然清苦廉洁，但是刘果依然派人专程为继母制作冠帔，继母孙氏动容地说："即便我的亲生孩子在世，也未必如此对我。"对于父亲刘必显，刘果则更为尽心。因母忧回籍，满孝后，见父亲年事已高，他便决意不再出仕，留守家乡悉心侍奉老父。他在屋舍后开辟花园，春秋佳日，便带着父亲游园赏花。他在父亲生日时率家人共拜祝寿，欢愉的气氛使得刘必显也尽兴小酌一杯。他的晚年以父亲为生活重心，刘必显以92岁高龄辞世时，66岁的刘果竟也如幼儿般哭泣。

这就是至情至孝的刘果。六七年后，康熙三十八年（1699），刘果也与世长辞。

第五节　夯实清廉门风的奠基人：七世刘棨

在刘果眼中，自己虽然有点才气，但是远远比不上三弟刘棨。他在劝姻亲王铖时，便曾深以刘棨为荣。他说："公毋以长郎翰林为异，公三郎功名事业，乃不可量，惟吾家三弟或可比肩耳。"这既夸奖了王家三郎，劝慰了王铖，又褒扬了自己兄弟。

刘棨生于顺治十四年（1657），比刘果小31岁，自小才华横溢，18岁便中了举人，28岁成进士。只是，中进士后，与兄长刘果一同侍奉老父亲，直至父亲去世，满孝才出仕。

刘棨的第一站是湖南长沙县知县，曾官至四川布政使。

一、机变化冲突

刘棨刚到长沙知县任上，便遇上一次事变。幸亏刘棨处理决断，善于应变，才巧妙化解了一场冲突。

按照清朝规定，巡抚衙门下设标营，驻兵多达千余人。谁知，长沙县内突然传起了流言蜚语，说清廷要裁兵。一传十，十传百，就算本来不信谣言，听得多了，也会心中起疑，更何况是与自己的饭碗息息相关之事。一来二去，标营的驻兵坐不住了，一千多士兵将巡抚衙门团团包围，叫嚷着讨说法。湖南巡抚，一介书生，哪里见过这阵仗。于是，作为湖南省最高长官的巡抚，竟然吓得躲在衙门里面。这可急坏了刘荣这个七品芝麻官。

眼瞅着冲突一触即发，刘荣顾不上考虑自己的官衔大小，也未曾考虑自身安危，毫无畏惧地赶到了气势汹汹的士兵们面前："诸位将士，稍安勿躁，且听我一言。我乃长沙知县刘荣是也。"

眼看示威有效，终于激出来一个可以对话的官员，士兵们慢慢静了下来。

"各位将士，请先想一想，朝廷设标营，为的是什么？当然是为了维护地方治安。若有人聚众闹事，你们管是不管？"

"当然要管！"

"那诸位现在群聚巡抚衙门，算不算聚众闹事？"

士兵们一时语塞。突然有人叫道："你们要裁员，我们当然要闹！""裁员后，我们怎么养家？！"

"我以人格担保绝无此事，裁员之说纯属谣言。朝廷不仅不裁员，还预发三个月军饷。诸位尽可放心。"刘荣说。

见刘荣说得斩钉截铁，许下不裁员的承诺，又能预支三个月军饷，士兵们这才放心，渐渐散去。

刘棨所采取的三条紧急措施，迅速起到了安定军心的作用。细细思量，这三条措施实在是环环相扣的高情商危机处理的典范。第一，陈述大义，使士兵们自知理亏。第二，金钱安抚。既然士兵们不是要起兵造反，只是担心如何养家糊口，那么，给予充足的军饷是直接的安抚手段。虽然是你们理亏在先，但是朝廷既往不咎，反而预发三个月军饷。这便让士兵们感恩戴德。第三，明确表态。谣言止于智者。既然谣言是士兵们闹事的导火线，那么便有必要澄清事实。模棱两可的态度，反而令人生疑；斩钉截铁的表态，方能打消众人顾虑。

就这样，一场冲突化为无形，刘棨也自此在长沙县获得了广泛的认可。如此机变，想来与他的性格有关。据《诸城县志》记载，刘棨"性温和，为治无所矫饰，遇人温厚善下"。这样一个宽厚和善之人，能真心实意为对方着想，因而每到一处，都能与上上下下融洽相处。倘若不是明了和理解士兵们内心真实的需求，又怎么可能有勇气站在千人面前？倘若仅是打打官腔，不给予士兵们所需要的承诺和物质保障，又怎么可能化戾气为祥和呢？

二、宁羌运粮计

康熙三十七年（1698），刘棨擢升陕西宁羌州知州。到任时，恰逢关中几年不遇的大饥之年，汉南粮荒尤其严重。而此时，州内也是粮尽米绝，没有官粮可以赈灾。为了解决眼下的困局，刘棨找到当时的陕西布政使丁珩，希望借厅仓官粮赈灾。丁珩答应了，但是，运粮一事却让刘棨自己想办法。倒不是丁珩想难为刘棨，他实在是想不出有什么好的运输办法。

原来，宁羌地处陕西腹地，乃中国境内山峦起伏最大的地方之一，地势崎岖不平，土瘠民贫。这里还是李白《蜀道难》中所提及的"西当太白有鸟道，可以横绝峨眉巅。地崩山摧壮士死，然后天梯石栈相钩连"一带。曾经亲身走过此地的王培荀在《乡园忆旧录》中回忆道："来川时，过五丁峡宿次，明日过闵家坡，上下十五里，越涧登七盘岭，路甚崎岖。"可见，单是走路已是难事，想从三百余里外的府衙往这里运粮，岂非难上加难？

当众人一筹莫展时，刘榮只是下了一道政令，便解决了这个问题。见到"凡运一斗者给粮三升"的告示，饥民们的积极性一下子便被调动起来。与其原地等死，不如克服艰难险阻去运粮。一线生机带来了活力，宁羌州饥民们团结一心，不到十天时间即运粮三千石。

三、洋民争纳粟

原本不可能突破的运粮难题，竟然被刘榮创造性地解决了，这让丁珩既惊讶又佩服。第二年春天，洋县也闹起了饥荒，这可让负责赈粮的丁珩犯了愁：洋县地广人众，但当地县令年事已高，一方面绝不能置百姓于不顾，但另一方面县令的身体肯定吃不消。思来想去，丁珩觉得唯有托付一个妥实之人，方可两全，而这个人选非刘榮莫属。一来，刘榮为人厚道，清廉爱民；二来刘榮有赈粮经验，足智多谋，堪当此任。

于是，瞅着刘榮到府衙的机会，丁珩找到他，开门见山，直叙来意，希望刘榮能帮忙。听完丁珩的话，刘榮略微一顿，回应说："眼下正是春荒，百姓的事情最为紧急。若您觉得我行，请先授予我全权处理洋县运粮之权，方可成行。"

丁珩立即给刘棨发放了晓谕域内的檄文，并配数十衙役随行。刘棨随即携带檄文，从水路运粮到洋县，同时命令下属分头持檄文，调诸县丞簿到洋县帮忙。而刘棨自己则单骑先行至洋县，从郊野开始实地考察民情，验户口多寡。直至弄清楚所有情况，方才入城。面见洋县县令后，刘棨神色凝重地说："我现在过来发官粮。按照规定，必须春贷秋还。但是，倘若秋天收成不好，百姓还不了怎么办呢？果真如此，只能你我二人替百姓还上。即便因此倾家荡产，为了百姓也是值得的。"原本听闻刘棨到此地代自己赈粮，洋县县令已十分感动，现在，刘棨的一番话，更让他肃然起敬，当下赶紧表示赞同。

紧接着，刘棨便派遣丞簿，分头入户发放官粮。在刘棨周密的部署下，此次赈粮效率极高，仅用数日便圆满完成。

对洋县的百姓而言，这个挨家挨户体察民情，为他们运来官粮的大人，犹如救苦救难的菩萨下凡，为他们带来了生机和温暖。渐渐地，刘棨愿为百姓还粮的话传到了洋县百姓耳中，这更令他们感动得潸然泪下。因此，当刘棨办完政事，准备离开洋县时，全县老小持香蜂拥而至，一定要送一送这位"青天大老爷"。这样不计较个人得失，救万民于水火的官，他们未曾遇到过，在历史上也并不多见。此去路漫漫，从此隔天涯。于是，他们争先恐后，希望跟刘大人见上一面，跟他说说话。他们哭喊着刘大人，希望他能多留一些时日，有的甚至跪地不起，一遍一遍地叩谢刘棨的活命之恩。他们将刘棨去程之路堵得水泄不通，传说过了整整三天才依依不舍地让开道。到了秋天该还粮时,百姓们奔走相告:"刘爷活我,我忍负刘爷乎?"他们感念刘榮的恩情,记得刘榮的誓言,而不能让刘榮倾家荡产。于是,人们争先恐后还粮。所还之粮,竟然超出原额百石之多!

四、富民有术:"刘公绸"由来

刘榮心知,发放官粮只能应一时之急。宁羌山高地瘠,自然灾害又多,粮食歉收的情况时有发生,而百姓们太穷,交上赋税后,所剩无几。若是一味靠官府救济,百姓们依然苦不堪言。因此,若要让百姓真正过上好日子,还必须给他们找出一条脱贫致富的道路。

为了替百姓减赋,刘榮派人实地勘探,奏呈了宁羌"七分石头三分土"的实情,请求减少赋税额度。经核定,全州年赋岁银总共减到911两,此额度一直沿袭200多年。为了成全百姓,他还破例下令蜜粟笋蕨等所有地上生长的作物,都可以用来充税。可即便这样,税款还是不够。刘榮索性卖了山东老家的田产,替百姓们补足税款。

缴税的事情解决了,但是如何发展呢?刘榮绞尽脑汁。

"千古百业兴,先行在交通。"交通自古以来就是民生要义。小到一个县城,大到一个国家,便捷的交通始终是富裕繁荣的基石。刘榮深知宁羌要发展,必须先修道、通旅舍,如此宁羌人才可以走出这片封闭的大山,外来客商才能够带来活力。而宁羌多山,且山势险峻,人们出行多靠栈道。栈道是沿着悬崖峭壁修建的一种道路,往往只容一人通过。李白言:"蜀道难,难于上青天。"宁羌便是剑门蜀道的北部起点。此时,古老的栈道年久失修,几成危道。刘榮又带着下属补栈道、修旅舍。

一年之后，宁羌的路况有了很大的改观，可是百姓的生活仍然清苦。刘棨又闲不住了，他一次次地走访百姓，一次次地在山野中徘徊思索，终于发现了致富的机会。

原来，刘棨无意中发现宁羌山上多槲树，而这种树最适合养柞蚕。蚕主要有三种，桑蚕、柞蚕和蓖麻蚕。柞蚕别名槲蚕、山蚕、野蚕等，最喜欢吃槲树叶。柞蚕丝灰青，所制茧绸有古朴之感，特别符合当时人们反对奢华，以及清朝尚黑的潮流。因此，柞蚕丝大行天下，连康熙帝也曾用其织绸制衣。只是，当地人不会养蚕，从未想过以养蚕为生。而刘棨则不然。

刘棨的家乡山东半岛是中国放养柞蚕的发源地。据古书记载，山东蓬莱、掖县一带人民采收野生柞蚕茧，制作丝绵的历史可以追溯到汉元帝永光四年（前40）。明代时，山东蚕农已经有了比较成熟的放养柞蚕的方法，用柞蚕丝织绸制衣，也已经风行全国。到清代时，据山东益都（今山东博山）的孙廷铨在《山蚕说》中所言，当时胶东一带山区，到处都放养着柞蚕。因此，刘棨虽非蚕农，但是对于种桑养蚕的产业并不陌生，至少见识过槲树与柞蚕。

刘棨敏锐地意识到宁羌山上的槲树，便是宁羌州人民脱贫致富的商机。他派人到山东请来蚕农，并买来数万蚕种，教州民放养。待茧成，他又聘来山东技工，向州民传授缫丝之术。在他的提倡、推广和督导之下，宁羌一跃而成为西北的柞蚕养殖基地，柞蚕业盛极一时，所生产的柞蚕丝绸质柔色美，不久便可与山东丝绸媲美争价，远销四川、陕西、甘肃诸省。陕西省蚕桑之利，也由此肇兴。就这样，刘棨带领着宁羌人民走上了富裕的道路。为了表示对他的感恩之情,人们给刘棨建立了生祀,每饭祀之,而且亲切地将所织丝绸命名为"刘公绸"。

刘棨广行蚕桑,惠及百姓之举,还为后来为官者所效仿。乾隆年间,陕西巡抚陈宏谋发布《广行山蚕檄》,盛赞刘棨当年教民养蚕之功,他连年借给蚕民工本,鼓励生产,促使宁羌柞蚕业再次发展。

五、卖田奔丧

在宁羌三年的日子,刘棨是忙碌的。他来回于府州之间,穿梭于高山峻岭之中,深入千家万户,他为赈粮减赋绞尽脑汁,上下奔走,为富民育民苦思良策,亲力亲为。他不满足于脱贫致富,还希望教化一方。他发现宁羌的士子无书可读,便招商开设书肆,购买书籍供州民阅购,创建义塾,发展教育,有时还亲自授课。在他的推动之下,宁羌文风大兴,报考科举登第者渐多。

这一桩桩、一件件的往事,无不凝聚着他的心血和智慧,也感动着每一个宁羌人。他以百姓为先,对自己的得失,却毫不在意。百姓无钱缴税,他卖家田补足。百姓无钱买书,他便自掏腰包。但是,诸城刘氏并非大富之家,刘棨所分得的家产也并非取之不尽。他饱含爱民之心,经济上早已负债累累,以至于当母亲去世(1701)的消息传来时,作为一个正五品知州,竟然没有回家奔丧的路费。

刘棨只能写信向四弟刘棐求助,请他代为变卖自己在老家剩余的田产,以便凑齐路费回家。接到这封家书,刘棐心痛不已,他知道三哥之前为了替百姓还税,已卖过一次家产,没想到依然负债在身,裹足难行。三哥剩余那些贫瘠的田，怎么可能有买家看上？思来想去，刘棐决定卖掉自己的良田筹资，可惜，仍然没有买家。无奈之下，刘棐跑到浙江当官的至亲处，紧急求助，方才脱手。银两送到宁羌，才解了刘榮的燃眉之急。

刘榮卖田奔丧的消息传开，宁羌百姓再一次感动落泪。人们奔走相告，纷纷表示，不管自己有多么困难，哪怕只是略尽绵薄之力，也要给"刘青天"筹路费。一场"众筹"在宁羌上演，人们带着感动、自责与祝福，来到刘榮府邸，争相让刘榮收下财金。

"刘大人，不要卖田了，您为我们做的已经太多了！这是我们的一点心意，请收下吧。""刘大人，收下我的吧。""还有我的……"

"谢谢各位乡亲，回家的银两足够了，大家不必担心，且都散了吧。"

"这么短时间怎么可能筹得到！刘大人一定是怕拖累我们，不肯收。您就收下吧。""对对！"百姓们一齐喊着，不管刘榮怎么劝告，坚决不肯离开，一定要刘榮收下。

无奈之下，刘榮只得拿出家书示人，告诉大家："我的田已经卖了，路费也已经备好。"大家这才散去。

就这样，刘榮离开宁羌，回到了老家，开始为母守制（守制，也称守孝或丁忧，是古时遵行居丧的制度）。在守制期内要谢绝应酬，不得应考、婚嫁，现任官则须离职。但是，脱去官服的他，仍然在力所能及的范围内广施善行。

六、乐善好施

刘棨为官心系百姓，这是众所周知的事实，如果说在任期间如此这般，可以说他是一个好官，可若是不在任时依然能够如此，那么更要说他是一个好人。其实，只有先做好人，才能做好官。

康熙四十二年（1703），这一年的冬天，山东的雨水较多，当时虽然是冬天却云遮无日，阴雨连绵，致使百姓冬藏殆尽，春不能种，相继出现青黄不接、上顿不接下顿的状况，百姓苦不堪言。为能有口饭吃，填饱肚子，流离失所的灾民越来越多，一时间灾民四溢。

正在为母亲守制的刘棨看到这种情形，便与四弟刘棐一同向灾民施以援手。他们相约，每人隔天须出村十余里轮流向灾民舍粮。他们常常是早出晚归、不分白天黑夜地接济灾民。他们的善行一直持续了十个月之久。

如果说舍粮救灾民是偶然，那么诸如刘棨变卖田产，替收成不好的百姓代缴赋税的事情应该不是沽名钓誉之举，而是心系百姓使然。行善自有天知，积德必有福报。他的这些善行不但使刘棨内心安宁，在当地享有很高的威望，而且也滋养了家风，荫及子孙。从康熙到嘉庆年间，刘氏一族，入朝为官者不在少数，位及知县以上者有14人。刘棨的这些善行为后代的言行打上了深深的烙印，那就是：不论在不在官位，清廉持家；不论身居何处，心系百姓。

七、结交孔尚任

守孝三年后，刘棨再次出仕，补任长沙府同知。其实，母丧前，刘棨便因在宁羌的杰出政绩而升任宁夏中路同知，只因为母守制而未能赴任。不久，刘棨蒙康熙皇帝召见，奉旨入京，擢升山西平阳知府。

山西平阳府，辖临汾、运城等州县。此时的平阳府并非太平盛世。康熙三十四年四月初六（1695年5月18日），临汾曾发生8级强烈地震。据清代地方志和档案记载，受灾地域有临汾、襄陵、洪洞、曲沃等28州县，死伤5.26万余人。人们传言当时临汾、襄陵"城郭房舍存无二三，居人死伤十有七八。更可惨者，斯时之烈火烧天，黑水涌地"。因此，蒙康熙皇帝信任，刘棨此去，面对的是一个满目疮痍、百废待兴的震后重灾区。

他没有怨言，带着满腔热血去了。在这里，他同样展现了雷厉风行的作风和爱民如子的情怀，他裁汰陋例，蠲除烦苛，讼牍皆立剖决之，他用心周济抚恤，岁欠煮粥赈饥，年终预给兵饷。等到用人、赈饥、理财等紧要政事整理完毕，刘棨又开始搞教化。他拜祀孔庙时，发现礼乐不全，考旧志时，又发现最近的《平阳府志》修于明万历四十三年（1615），距当时已近百年。历史上，平阳古郡，名人辈出。这百年之内史料阙如，令刘棨深感不安和责任重大。于是，他决定修葺文庙、整理乐器、重建鼓楼，修《平阳府志》。

但是，若要制乐器，修府志，务必物色一个妥实的人才。刘棨一下子便想到了山东同乡、孔子第六十四代孙孔尚任。

孔尚任，清初著名的诗人、词曲作家，因《桃花扇》而名扬天下。此剧以明代才子侯方域与秦淮歌妓李香君的爱情故事为主线，揭露了晚明官场的黑暗，抒发了作者"兴亡之感"。但是，孔尚任也因这部名剧而染上莫名的官司，终被罢官。原因是剧中主人公侯方域在江南所创办的"复社"，在真实的历史上，曾在反清复明运动中起过重要作用。孔尚任被罢官后，曾在京城逗留两年，最终还是落寞地回到故乡曲阜隐居。

孔尚任初回曲阜时，恰好刘棨当时因母亲去世在乡守制。虽然二人此时并无相交，但是，在长达二十七个月的丁忧中，刘棨必然已知传遍朝野的《桃花扇》和孔尚任的故事。在遥远的山西之地，若要请人制作祭祀孔庙的音乐，还有谁比孔家人更适合的呢？若要修撰新的《平阳府志》，依孔尚任的才情，也是绰绰有余。至于那些关涉孔尚任的流言蜚语，刘棨并不在意。他看中的是孔尚任的才，为的是平阳的要事，而非自己的政治前途。这一点对为官之人来说，实属不易。要知道，孔尚任乃有疑案在身。请他为幕僚，一个错步，便有可能葬送自己的政治生涯。这恐怕也是孔尚任被罢官后，空有才情，却无人问津的缘由。但是，刘棨却不流于世俗，秉持"任人唯贤"的原则，于康熙四十六年（1707），向孔尚任抛出了橄榄枝。此时，孔尚任已经被罢官七年、隐居五年。

对于孔尚任而言，刘棨的名字或许是陌生的。况且，他知道自己境遇与旁人不同，或许当接到刘棨邀请时，他也是十分讶异的。但是，无论如何，他都不能错过这个重新施展才华的机会。于是，孔尚任离开了家乡，赶往平阳。但是，面对未知的人生，孔尚任仍是有顾虑的。在路经孔氏族孙孔兴诰任知县的太谷县时，他便写下了"且对亲知娱永夕，前程未定几重山"之语。不过，这种对前途未卜的迷茫很快便在与刘棨的交往中消除。

孔尚任的到来，令刘棨大喜过望。他没有因孔尚任落魄而将其看作一个普通的幕僚，反而处处礼遇。公务上，他委之以重任，常常亲自带着孔尚任游历平阳山水，搜集府志资料。生活中，他嘘寒问暖，关怀备至。仲秋时迎接孔尚任，没过多长时间便已到寒冬。他知道孔尚任远道而来，尚未适应，遂命人专程送去棉袍。在寂寞寒冬，收到太守的馈赠，身在异乡的孔尚任十分感动。兴之所至，他挥笔作《平阳郡署主人赠袍》一诗：

> 吟诗瘦尽沈腰存，一袭霞袍竟体温。
> 家去何愁羞季子，春游直可傲王孙。
> 摊书倦后妨灯灺，顾曲欢时怕酒痕。
> 少在身边多在箧，信陵席上不言恩。

他由衷地赞叹这一袭长衣带给他的温暖，直言此袍即便在王孙面前穿也十分体面。他以夸张的手法，表达了对袍子的珍惜。因怕读书和喝酒时沾染上蜡烛和酒水，故而穿的次数少，多数收藏在匣中。他更将刘棨比作礼贤下士的信陵君，为自己受到的礼遇而十分感恩。

为了缓解孔尚任的乡愁，刘棨还特意请人从诸城老家带来鲜鳆鱼，在腊八节时，邀他参加鳆鱼宴（鳆鱼，即鲍鱼）。孔尚任所写长诗《腊日客平阳，刘青岑太守设鲜鳆鱼享客，诗以志异》里生动地描写了主客相劝，把酒言欢，共享海味的景象："主人持盏先歆羹，故乡滋味浑不异。宾客休歌食无鱼，簇鲜海鳆请君试。左箸右匕食指忙，谁能咀嚼辨精腻？今夕得领海味真，纸裹之物堪委弃。食罢还索肤壳观，满蛤濡沫留生意。晶晶蜃彩灯交辉，五色霞中闪金翠。……平阳乃有鲜鳆鱼，缘木求鱼言非戏。"所用文辞诙谐有趣。吃过鲍鱼后，竟然还有观赏鲍鱼壳的兴致，足见此时的孔尚任，比初来平阳时，已欢快许多。

比起在生活中赠袍设宴的关怀，刘棨在平阳百姓迎春大礼中对孔尚任的照顾，更令他感动。迎春礼是农耕社会颇为重要的一个节日，于立春时举行，由官方主持，民间共乐，为的是祈求这一年风调雨顺、万物丰收。按照迎春礼仪，百姓游行的队伍要顺次通过府衙，作为平阳知府，刘棨则需原地迎接，与民同欢。他深知孔尚任对民间风俗最感兴趣，特意请他站在屏风后与自己共享迎春胜景。孔尚任为自己能近距离地体验平阳风土人情而激动不已，写道"羊裘黑染灶煤尘，千里来看晋地春"。他更为自己以一介布衣，赢得刘棨的这份尊重而感慨"官长能容屏后立，白头不是落时人"。对于落魄的他而言，来到平阳做幕僚，难免有寄人篱下、倚人门墙的忐忑和萧索，但是，刘棨对他才华的赏识，对他生活的悉心照料，尤其是对他的尊重，使他一扫心中郁结。他甚至自我调侃"恰馆平原为食客，随人哺啜亦无妨"。在此，他把刘棨比作战国时期门客千人的平原君，将自己视为其门下士，直言只要主人贤能，自己跟着主人吃喝又有何妨呢？

在平阳的日子，孔尚任是惬意的，因为刘棨的礼遇，他游历山水，观赏民俗，留给后世50首竹枝词，10首柳枝词，客观记录了刘棨治下平阳安居乐业的景象。在平阳的日子里，二人的关系也渐由"宾主"转为"朋友"。刘棨曾在衙署南墙下依山筑亭，名为"山依亭"，二人常常在此把酒言欢。有一次，刘棨将请人根据祖宅绘的《槎河山庄图》展示给孔尚任看，勾起了孔尚任的思乡之情。二人互诉家乡美景，竟相约一同归隐山林。只是孔尚任心知自己仕途已断，且年事已高，而刘棨风华正茂，备受朝廷倚重，二人的"耦耕之约"恐怕未必能实现，只能将这段往事记录在《山依亭记》中，希望二人的情分能"千古相依"。

可惜，相聚匆匆。孔尚任只在平阳生活了三个月左右，待《平阳府志》大体定稿后，孔尚任便返回了曲阜。二人终究未能实现"耦耕之约"。

八、御赐"清爱堂"

刘棨所做的一切，有目共睹，上下交口称赞。康熙四十八年（1709），皇帝下诏在全国范围内选举德才兼备的廉吏，以知府被举者，只有刘棨和陈鹏年二人。第二年，刘棨升任天津道副使，迎驾淀津。正是在这次觐见时，刘棨为诸城刘氏家族迎来了康熙御笔"清爱堂"匾额。

"清爱堂"匾额

40年前，刘棨的二哥刘果蒙康熙皇帝传见，赢得了"清廉爱民"的褒扬，这在刘氏家族子弟中，一直传为佳话。不过，当时只是口头表扬，刘氏家族尚没有也不敢奢望求得康熙皇帝墨宝，而刘棨做到了。

此时，君臣共聚，其乐融融。康熙皇帝颇有兴致，亲洒宸翰，刘棨趁机启奏其兄刘果早年与皇帝的这段往事，乞赐"清爱堂"匾额。皇上本就欣赏刘果、刘棨兄弟清廉爱民之心，如今忆起往事，更是龙颜大悦，当时便将"清爱"二字御赐刘棨。

天子御赐，是诸城刘氏家族莫大的荣耀，"清爱"则是对其清廉爱民门风的肯定与鼓励。从此诸城刘氏以"清爱堂"别称，其清廉爱民之门风日盛。

而对刘棨而言，蒙皇帝青睐，内心自然也是喜悦的，只是他不会因之沾沾自喜，褒奖过后，依然勤勤勉勉做自己。后来，刘棨又升任江西按察使，详勘死囚，百余人得以赦免死罪。康熙五十二年（1713），他晋升四川布政使，仍勤政爱民，受到民众拥戴。三年后，康熙五十五年（1716），皇上再次让九卿举荐地方上清廉耿直的官员。这一次，九卿只举荐了四个人，刘棨再次名列其中。此时，朝廷正在推举巡抚，康熙皇帝和诸臣都有意对刘棨委以重任，考虑到当时四川正在用兵之际，无法轻易调动人选，因此暂缓提拔巡抚之意。没想到，刘棨此时殚精竭虑，已染重病，第二年，便劳累而卒。倘非如此，刘氏家族史上当再添一位二品高官。

九、家法森严传世长

刘棨在槎河山庄长大，这里是他的家，更是他的学堂。刘棨出生时，父亲刘必显已经考中进士，但是没过几年，便回归山林，专注于子孙教育。此时，大儿子、二儿子均已成年，刘必显自然将教育重心放在了才几岁的三子刘棨的身上。1675年，刘棨已考取举人，十年后考中进士。但是，中进士后，为了照顾父亲，刘棨随刘果一同侍候父亲身旁，直到父亲去世才出仕。因此，刘棨不仅一直在父亲的教导下成长，成年后还时时与二哥刘果相伴。

在父兄清正严明的教诲下，刘棨自小便将读书视为正途，将清廉修己视为人生哲学，将治国平天下视为人生目标。潜移默化中，刘棨不仅接受，而且十分欣赏父亲严厉的教育理念，更将父亲教育自己的方法发扬光大，铸就了诸城刘氏最严明的家法。

刘必显家教"崇惇厚，黜浮华"，不称意，就鞭打几下。刘棨则有过之而无不及。刘必显规定，在学业上，孩子六岁时便要外出读书，不得在父母面前撒娇耍赖。学习上若达不到标准，也要狠狠抽打。待孩子成年后，仍要坚持读书的习惯，要读古今经典，不得有其他不良嗜好。在生活上，他要求小孩子自小要稳重，行路进出须有规矩，不能嬉戏，到成年后，则必须保持朴素的作风，盖的被子、穿的衣服、吃的食物，都要与寒贫人家一样，不得奢华。此外，在交友上，也必须慎重，不准滥交损友。总之，在学业修养上要高标准，在生活交友上要严要求。

据多次到访逄戈庄的韩金绥讲，刘家大院内有三口铡刀和一口长方形的油锅。据说是刘棨定下的家法，倘若刘氏子孙违反了家法规定，轻则体罚，重则刀铡油烹，绝不姑息。同时，设有数排平房（自称"官宅里"），专门接济为官清廉，在老家无立锥之地的子孙。在古代，家长有权惩治、殴打或禁锢违反家规的子女，且不会受到法律的制裁。若传言为真，刘棨治家真可谓用重拳了。

在严明的家法之下，刘棨这一脉枝繁叶茂，人才济济。他有10个儿子，8个中举，其中3个中进士。五子刘统勋政绩显赫，官至军机大臣、东阁大学士。八子刘纯炜官至二品，任浙江布政使。他的36个孙子中，以刘墉最为著名，官至体仁阁大学士，不仅是妇孺皆知的清官，还是享誉朝野内外的书法家。曾孙辈、玄孙辈则以刘镮之、刘喜海为代表，分别官至一品和从二品。可以说，诸城刘氏在科举、政治、文学、医学等方面的杰出人才，大部分出自"老三房"。

第二章

光宗耀祖，家族鼎盛：八世刘统勋

刘统勋画像

要说将诸城刘氏推向鼎盛，使之成为清朝知名世家大族的，当属"老三房"门下、刘棨的五子、刘墉的父亲——刘统勋。那时，刘棨尚在陕西宁羌，刚昏天黑地地忙完赈粮，又绞尽脑汁想让当地人民富裕起来。或许是日有所思，夜有所梦，在刘统勋来到人世的这一日，刘棨竟然梦到一群饥民到自己跟前讨饭，于是便给五子取乳名"饥民"。

在古代，上自天潢贵胄，下至贩夫走卒，都会给小儿起一个乳名，也叫小名。不过，与起大名追求典雅好听不同，起乳名的原则是越贱越好，以求小儿平安健康地成长。如刘禅乳名"阿斗"，曹操小名"阿瞒"，南朝宋武帝刘裕小名"寄奴"，北魏太武帝拓跋焘小名"佛狸"。也有的乳名记载着小儿襁褓中的经历。如郑庄公出生时难产，所以乳名为"寤生"。东晋诗人谢灵运出生不久便被送外哺养，故起小名"客儿"。

刘统勋的这个乳名，其实是刘棨在宁羌为官的一个纪念，也是他饱含爱民之心的体现。不过，对于刘统勋而言，似乎冥冥之中自有天定，这个乳名里带有"民"字的小儿，长大后成了心系天下百姓，为民谋福祉、廉洁公正的一代贤臣。

刘统勋（1699—1773），字延清，号尔钝，少年成才，18岁时便与四兄刘煜同榜中举人。25岁时以殿试二甲十七名进士，改庶吉士，散馆后授编修，入南书房。

庶吉士，也称庶常，是明、清两朝在翰林院内所设立的短期职位，乃皇帝近臣，由殿试二甲、三甲中才华出众者担任，负有起草诏书，为皇帝讲解经籍等职责。雍正以后，选馆（即选庶吉士）更为严格，由皇帝亲自主持考定。庶吉士其实是翰林的候选队员，他们需要在经验丰富的翰林教习的指导下，学习各种知识。三年后考核，称为"散馆"，成绩优异的便可留在翰林院，授予翰林编修或者检讨，正式成为翰林，称为"留馆"。其他则被派往六部或者地方任职。

比起一甲进士可以直接授予翰林修撰或编修而言，庶吉士的升迁之路更多几分艰辛，唯有从二、三甲进士中胜出，方有任职资格。而三年后，又面临重新考核，被皇帝所青睐者，方能达到与一甲进士同样的待遇。不过，比起落选的二、三甲进士而言，庶吉士因为可以直接接触帝王，而且有三年宝贵的学习时光，可以具有更多平步青云的机会。明朝英宗后还有"非进士不入翰林，非翰林不入内阁"的惯例，因此，庶吉士被视为"储相"。

南书房，原本是康熙读书之所，后来成为康熙与翰林院词臣们研讨学问、吟诗作画的地方。凡能够入南书房的翰林，一定是词臣才品兼优者，他们除了陪伴皇帝吟诗作赋，写字作画，有时还代皇帝起草诏令。雍正设立军机处后，南书房官员不再参与撰拟谕旨，但是因为时常觐见皇帝，仍被视为清要之所，凡入选者，备受敬重。

刘统勋中进士时，已初显才华。素有知人之能的钱陈群，便曾对荐举刘统勋试卷的同考官王恕说："吾贺子及门得伟器，他日令仆才也。"他是被前辈选中的青年英才，更是被雍正选中的佼佼者，也是诸城刘氏家族史上第一个翰林，和第一个能够常侍皇帝左右的人。

他入值南书房时才29岁，但是仅仅用了8年，也就是在他37岁时，便已官居三品，任詹事府詹事。这种晋升速度，远非一般人可比，足见其深受雍正皇帝赏识。当然，后来还是有人刷新了他的纪录，那就是他的儿子刘墉。刘墉在乾隆的有意栽培之下，只用了三年多一点的时间，便由七品编修跃上了正三品，此是后话。

乾隆元年（1736），刘统勋任正三品不到半年，便被提拔为从二品内阁学士兼礼部侍郎，八月任刑部右侍郎，十月巡视浙江海塘。乾隆六年（1741），他又被提拔为一品督察院左都御史。此后，刘统勋任职多有变动，但几乎都是被乾隆委以要职。乾隆十一年（1746），刘统勋任漕运总督；乾隆十五年（1750），加封太子太傅，赏赐孔雀花翎；乾隆十七年（1752），担任军机处行走；乾隆二十一年（1756），擢升刑部尚书；乾隆二十二年（1757），加封太子太保；乾隆二十四年（1759），升协办大学士，两年后，任东阁大学士兼礼部、兵部事务；乾隆二十八年（1763），任上书房总师傅；乾隆二十九年（1764），升任翰林院掌院学士、殿试阅卷大臣；乾隆三十年（1765），任东阁大学士、国史馆总裁；乾隆三十五年（1770），成为大学士领班大臣，一年后，又成为首席军机大臣；乾隆三十八年（1773），出任《四库全书》总裁官。

  备受乾隆皇帝信任的背后，是刘统勋遇事"神敏"、兢兢业业所取得的一系列卓越政绩，是他秉性"刚劲"，廉洁奉公，不畏强权，为整顿吏治而不遗余力的大臣风范。

第一节 刑名水利，冠绝机敏

一、开刘氏水利家学

古代中国以农业为立国之本，而水利则是农业生产的命脉，因而为各朝各代统治者所重视。清初黄河、淮河经年失修，运河堵塞不畅，不断造成洪涝灾害。康熙帝便曾将三藩、河务、漕运列为三件头等大事，并刻在宫柱上，时刻提醒自己，其中河务、漕运都与水利有关。雍正、乾隆时期在康熙朝基础上，进一步巩固水利。乾隆本人便是水利方面的行家，他在位期间，黄河、长江、永定河的水利工程均得到维护，而尤为引起乾隆帝重视的是江浙海塘工程。他一生六下江南，其中四次前往巡视海塘工程。

海塘工程，又称防海大塘、捍海塘、海晏塘、太平塘。浙北海塘，位于钱塘江口北岸一带，已有两千多年历史，至今仍是东南沿海地区的重要屏障。清初，历经康雍乾三朝修建，终于在乾隆时期，形成了从杭州六和塔直到海宁一带的鱼鳞大石塘。它蜿蜒于几百千米长的海岸上，每天要经受两次洪峰的冲击，塘身每平方米必须承受六吨多的重压力，至今牢牢护卫着杭州湾，被誉为"海上长城"。它是清朝水利建设成就的代表，也是乾隆辉煌业绩的代表。这其中，刘统勋、刘纯炜等刘氏子弟居功甚伟。

乾隆元年（1736），刘统勋升内阁学士，随即被派往浙江师从水利名家嵇曾筠，学习海塘、河道工程事务。在其后的三十多年中，虽然刘统勋的职位多有变动，但是直到乾隆三十四年（1769），刘统勋才最后一次为漕运事务所累。可以说，刘统勋为官的大半生与水利结下了不解之缘。与水利有关的海塘、河工、漕运等各项事务，都可见到刘统勋的身影。

刘统勋不仅实地调查浙江海塘事务，而且掌握了建筑鱼鳞石塘和海塘传统保固（"坦水"）两项技术，并深入了解了海塘与河工的区别。随着学习和实践的深入，他还逐渐能够辨别水利工程可否上马，从一个学习者渐渐成长为可以独当一面的水利名臣。

在初习水利的第二年，他便给乾隆帝上了一道奏折，禀告康熙时期水利名臣朱轼所建造的五百丈鱼鳞大石塘坚固耐用，而其余旧塘，则都难以持久。倘若说经验不多的刘统勋此时的评论还是妄言，那么六年以后，他所上的奏折则明显有理有据，显示出一名河臣的重要素质。在奏折中，他大胆地订正了闽浙总督德沛提出的错误建议。德沛原先的建议是，将海宁老盐仓西至仁和章家庵一带的草塘改为石塘。这一带总长度四千二百余丈。但刘统勋认为此段工程不必过急，原因是"自建筑草塘及北岸沙淤之后，前抚臣卢焯奏停岁修，堤岸平稳，待水势北归，再筹捍御，尚未为晚"。与此同时，刘统勋指出"海塘之在浙省，莫冲于海盐，莫要于仁和、钱塘"。海盐段大石塘建于明朝，若现在不及早补修，将来花费更甚。而仁和、钱塘两县江塘，已经逼近城垣，不免年年增修。

不过，此时，在乾隆眼中，刘统勋只是初学水利之术，尚不能完全信任。因此，对于刘统勋与德沛的相左之处，一时无法决断。谨慎起见，乾隆命二人共同组成调查班子，重新考察，再行决定。在进一步的考察中，刘统勋没有囿于自己所见，发现将四千二百余丈都由草塘改为石塘的建议有些缺陷，但是自老盐仓至观音堂一段，的确也存在问题。因为"涨沙绵亘"，与之前平稳之时，已大不相同。所以，赶紧奏议将这段草塘改为石塘。可见，刘统勋对于水利工程的整体与局部，轻重与缓急，把握得相当到位。

假如说，之前刘统勋仅是纸上谈兵，并无实战经验，那么自乾隆十三年（1748）奉旨统筹规划山东河道开始，刘统勋一次次地交上了无可挑剔的满意答卷。

乾隆十三年，江南淮、海一带州县，屡遭水灾。清廷经过分析，发现根源在于山东临沂、郯城等处上游雨水盛涨，河道不能容纳，才直接注入骆马湖，进而导致水涝。乾隆这一次派了山东籍的河臣刘统勋前去勘察。刘统勋仔细勘察后，提出了开浚沂、兰等河，在江枫口建坝等建议。刘统勋的解决举措，深得乾隆赞赏。不过，此时的刘统勋在乾隆心目中只是一名称职的河臣，比起当世高斌、白钟山等水利名臣，尚有不及。但是，在几年之后的抗洪抢险中，乾隆改变了看法。

乾隆十八年（1753），铜山大决口，需要紧急抢险。此番徐州铜山县黄河告急，乾隆心急如焚。他命刘统勋寻找对策。经几位当朝河臣集议，刘统勋最终做出了"开河引溜"的正确措施，即将河身北面开挖到淮扬等处。在抢险之初，乾隆还没有将刘统勋看作一流的水利专业人才，但是，随着抢险的深入，刘统勋雷厉风行的决断与无私公正的作风渐为乾隆及其他河臣所认可。在乾隆的旨意下，四位河臣分为两路，刘统勋与舒赫德一路，负责徐州张家马路堤工合龙工程。二人分工驻守漫口东西两处，督促堵口。另一路则是策楞和高斌。两路漫口，前后顺利合龙，令乾隆"深为喜悦"，乾隆对刘统勋等人大加奖励。由乾隆分配抢险队伍搭配来看，此时的刘统勋在乾隆心目中已经成为足以倚重的水利重臣。

乾隆二十一年（1756），孙家集漫口需要紧急抢险。十月洪水肆虐，在孙家集形成漫口。乾隆因为刘统勋在铜山抢险中的出色表现，将孙家集漫口抢险的一应事务，交由刘统勋催办，并要求富勒赫、白钟山等全力配合，以速为要，务必不耽误春耕。刘统勋不负乾隆所望，仅用将近一个月的时间，便成功堵闭合龙。

乾隆二十六年（1761），刘统勋指挥特大洪灾杨桥漫口抢险合龙工程。这年八月，河南黄河漫口，水势甚大，河道民生岌岌可危。乾隆派刘统勋为钦差大臣，急速前往指挥，引溜归槽事宜专司督办。刘统勋到达一线前，乾隆连发十道谕旨，三次重复"最关紧要"，足见形势之危急。这一年，刘统勋已经62岁，拜东阁大学士。之所以派刘统勋去工地，一方面乾隆对其最为信任，另一方面朝中稀缺熟悉河务的臣子。他对于之前张师载、常均奏、裘曰修等人的所为颇为无奈，直批"张师载报漫溢处所及缺口淤闭情形一折所奏殊未明晰"，"常均奏筹画各处决口事宜一折，于河道源流、办理挈要之处，全无定见"；对裘曰修不满，则是因为他懒于奏报，以至于乾隆帝总是在后方干着急，不得不下旨催促他速奏详情。而刘统勋到一线后，抢险工作立马有了转机。他的第一道奏折所陈"开挖引河掣挽大溜以杀水势"，被乾隆大加赞赏为"尤为切中款要"。与此同时，刘统勋勤于奏报，使乾隆帝在后方亦能掌握前方动态，运筹帷幄。

历经两个多月的努力，杨桥漫口合龙。乾隆终于舒了一口气，由衷赞赏刘统勋此次督办杨桥工程，比之前在铜山抢险时，督办张家马路工程，更为迅速，进而感叹"大工之集，全在董理得人"。

就这样，刘统勋在一次次决断之中赢得了乾隆的信任和倚重，从普通文臣转而成为清代最有声望的水利名臣之一。此后，刘统勋不再涉及抗洪抢险事务，只在乾隆三十三年（1768）和乾隆三十四年（1769）抓过漕运管理事务。这应该与他年迈和身居要职有关。他在水利上的作为，开启了刘氏水利家学，其弟刘纯炜、子刘墉都有扎实的水利功底。

刘统勋多次勘察和督修江南河工、浙江海塘、黄河溃堤和疏浚运河，治河业绩卓著。他所具备的水利专业知识是其成为一名优秀河臣的基础，但是协调、指挥之能则与他的雷厉风行、临事果断分不开。据洪亮吉记载，杨桥漫口如此神速合龙，其中还有一段逸事。

据说，当时杨桥决口久不得塞，偏巧用来堵塞决口的秸料紧缺。刘统勋便微服私访，巡查原因。这一查便查出了问题，他发现仅仅离决口数十步外的地方，秸料堆积如山。周边人员、牛马杂乱无章，人们或立或坐或卧，神色慌张地商议着什么，有的还哭出声来。

这让刘统勋好生诧异。他不动声色，走向前去，招几个老者询问原因。只听他们哀怨地说："我们来这儿已经有好几天了，有的从四五百里外赶来，有的从二三百里外赶来，这些秸料有用一车拉的，有用四头牛拉的，甚至还有用羸弱的马拉的。每天人的口粮和牛马秣草便要耗费不少，时间久了，不知道从哪里出这个费用，更不知道该怎么返回家，一想起来就禁不住怕得哭起来。"刘统勋奇怪地问道："你们为什么不把秸料交给官家呢？"百姓的回答让他大为震怒："这些秸料原本就是县丞让我们拉来的，但是到这以后，他居然向我们收取费用。我们没有钱，这才僵持不下。"

刘统勋带着一腔怒气，回到官署，即刻谕传巡抚在规定时间内绑了县丞到决口。谕令之决绝，令传谕的使者都不禁大惊失色。巡抚一看钦差大人动了怒，赶忙连夜绑了县丞，让他长跪在官衙外面。

当时，刘统勋已是东阁大学士。朝廷上下皆知刘统勋不仅清正廉洁，而且甚为皇帝所倚重。他秉公执事，说一不二，断非戏言，更无请托走后门的可能。巡抚心下明白，如今面临杨桥特大洪灾，刘统勋代天子巡狩，权职更甚。县丞的所作所为即便自己不知道，也难脱渎职之罪，因此，巡抚战战兢兢地等待训斥。

见到这二人，刘统勋更加怒不可遏，他阻止了巡抚的拜礼，大声痛斥："决口一天不塞，则圣心一日不安，河南北方的老百姓便一日不宁。塞口最缺秸料，如今秸料堆积如山，县丞因勒索不成，而耽误塞口的大工程，罪死不赦！今天先斩了县丞，至于巡抚你的罪行，等我后面专门上折参奏！"

一听这话，巡抚当即瘫软，瑟瑟发抖，跪地叩首不止，旁人一时也不敢出声。眼看天快亮了，同刘统勋一同出使的尚书出面缓和，苦劝刘统勋良久，他才回心转意。最终决定改斩首为剥夺县丞职位，绑在决口边示众。事情立马有了转机，只半天时间，南北岸边的秸料车便悉数离去。第二天，杨桥决口便堵塞成功。

这正应了乾隆的那句"大工之集，全在董理得人"的赞赏之言。这个故事发生在乾隆二十六年（1761），此时的刘统勋已经是朝廷重臣，乾隆之股肱。但是，他的疾恶如仇、秉公执法早在他当刑部侍郎和左都御史时，便已充分显现。

二、谳大狱无枉无纵

刘统勋这一生与水利和刑名结下了不解之缘。他是乾隆心目中最具专才的河臣，亦是最受信任的刑名大臣。乾隆二年（1737），刘统勋即被授予刑部侍郎职务，但是仍然留在浙江学习河务，直到乾隆三年（1738）才还朝。乾隆四年（1739），他因母亲去世返乡，乾隆六年（1741）官复原职，后改左都御史。乾隆十一年（1746）他署漕运总督，后又迁工部尚书，兼翰林院掌院学士，改刑部尚书。

他精通大清律法，办案亲力亲为，往往于细微之处剥茧抽丝，追查和发现事实原委，又秉公持正，实事求是，无枉无纵。因此，乾隆一朝许多大案、要案、难案，仍然"非刘统勋不可"，或"差尚书刘统勋前往彻底清查，自必水落石出"。每当有要案发生，刘统勋便被派往案发地，不辞辛劳。几十年来，他的足迹几乎遍布大江南北，其办案数量之多，办事质量和效率之高，令人咋舌。仅《清史稿》所记载的要案便有广东粮驿道明福违禁折收案，云南总督恒文、巡抚郭一裕假上贡抑属吏贱值市金案，山西布政使蒋洲抑属吏补亏帑案，陕西西安将军都赉侵饷案，归化城将军保德等侵帑案，苏州布政使苏崇阿误论书吏侵帑案，江西巡抚阿思哈受贿案。而《清实录》所收录的案件数量更多。以下仅从几个要案，看刘统勋无枉无纵的行事作风。

1. 查南河亏帑误工

乾隆十八年（1753），发生了一起由洪水而引发的惊天大案。当时，洪泽、高邮等地洪水泛滥成灾。黄河在徐州铜山县冲决，南入洪泽湖，以致高邮县二闸被冲。乾隆认为当地官员修防不力，其中或有隐情，便命策楞、刘统勋前往调查。

刘统勋此去困难不小。此时主持南河事务的，乃是乾隆爱妃的父亲，深受乾隆宠信的水利名臣高斌。刘统勋与高斌在之前赈灾等事情上打过交道，此人实践知识丰富，治河成绩卓著，乃清朝著名的治河专家，乾隆信任的第一河臣。不过，在此之前，高斌几遭部议，屡遭贬职。乾隆十三年（1748），高斌随同时任御史刘统勋查办山东赈灾事宜期间，又查办浙江巡抚常安贪赃案，因不能秉公执法，而被部议革职。最终因皇帝宽宥，而免予革职，改为留任原职。同一年，高斌又在办理监督查抄江南河道总督周学健家产案中徇私情，而被革去大学士一职，但是仍然兼管江南河道总督事务。由此可见，高斌身份非常特殊。

策楞、刘统勋虽然心里也有一丝顾忌，但仍然秉公查案。二人一一巡查江南河道总督所管辖的十七厅，逐一盘验库存和工料，致使涉案人员"断不能丝毫掩饰"。这一查，便查出了当地河臣挪用巨额公款的大案。调查结果显示：外河同知陈克浚挪用河银二万五千余两、海防同知王德宣挪用一万八千余两，而核减未完、办料未交之银共计十余万两。消息传回京城，乾隆勃然大怒，斥责河督高斌、协办河务巡抚张师载虽然身无染指，但是明知侵冒，其罪非仅失察公过而已，俱著革职，留工效力赎罪，令策楞暂行署理南河河道总督印务，并裁撤看守各亏空官员，令其一年之内补齐亏空之项，一年之内不能补齐者，就地正法。同时，令策楞、刘统勋继续彻底查办侵帑官吏，以便日后发落。

九月，乾隆接到鄂容安奏报，称洪水猛急，铜山县张家马路内外堤坝被冲漫七八十丈。这令他更为心焦，怒不可遏，认为目前秋汛已过，不可能是风涛冲决，这必然是当地官员知道河工弊漏已被彻底查清，将来难辞其咎，万难掩饰，而任由堤坝冲决，以便朝廷无从查核工料，而希冀侥幸脱卸的诡计。若果真如此，则人心之坏，更为可恨！他令策楞、刘统勋严格调查，甚至直接指示二人，铜沛同知李焞曾经承办堤工，作弊更属显然。现在已经将他革职拿问。如果真有此种弊情，可以一面上奏，一面先行就地正法，以警诫亏空误工众人。

不过，乾隆的先入为主，并没有影响刘统勋的判断。他没有因为乾隆的猜测而为李焞网罗罪名，而是亲到工所，实地勘察堤工漫决的原因。凭借丰富的水利学识和经验，刘统勋明确回奏乾隆："所有堤工漫决的原因的确是秋汛异涨，并无他故。同时，查清淮徐各厅钱粮并无亏损，附近居民也没有听说有盗决的言论。"虽然李燉最后仍因耽误河工而被正法，但若非刘统勋，恐怕他当即便要因渎职之罪而人头落地。

乾隆心知策楞、刘统勋二人对高斌的身份颇为顾忌，几次强调若高斌也属亏空人员，一并严惩，并下令正法江苏铜山同知李燉、守备张宾时，将高斌、张师载二人绑至死刑现场陪斩，目睹行刑后再行释放。因事先并未言明是陪斩，高斌吓得心惊肉跳，昏迷在地。在乾隆的支持下，策楞、刘统勋抽丝剥茧，深入案情，发现本任调任升任及缘事各员，经手钱粮，大都牵前扯后，以致多有侵亏，进而查办了一批贪官污吏。经过此番整顿，河工的风气才稍有好转。

2. 微服私访归化城

乾隆二十四年（1759），归化城理事同知普喜上奏，检举绥远城将军保德通过绥远城粮饷府同知呼世图贪污粮饷。这一参奏，令乾隆吃惊不小。归绥一带，乃塞内通往塞外的交通枢纽，自古以来就是兵家必争之地。为了加强军事防御，清朝在归化城外拓建绥远城，称为新城，归化城便称为旧城。绥远城将军乃乾隆时期在全国所设立的13位八旗驻防将军之一，从一品，负有封疆守土之责。若此事属实，非同小可。乾隆便派协办大学士刘统勋前往山西，与山西巡抚塔永宁一同查案。

接到皇帝的指令，刘统勋立即启程。不过，素闻山西官官相护，若自己径直前去找山西巡抚，恐怕人未到，证据已经被销毁，思虑过后，年逾花甲的刘统勋不动声色，决定先行私访。他仅带少数随从，从张家口以东的延庆州（今北京延庆县）到独石口外，穿过察哈尔蒙古草地，绕道土默川，悄悄进入归化城。

他投宿于大南街路东的"东升店",自此,归化城便多了一位头发花白、衣着整洁的山东贩布商人。他终日走街串巷查访,因有心隐藏身份,装扮巧妙,"微服出塞月余人莫之识"。仅月余,刘统勋便了解到保德贪赃枉法,受贿私开将军印信,滥伐乌拉山木材,以及归化城理事同知普喜、归化厅吏员白德明、绥远城粮饷府同知呼世图等贪污粮饷等罪行。为了亲眼印证此地官吏的荒淫奢侈,刘统勋利用普喜为母做寿之机,随上戏班混进"二府衙门",将归绥新旧两城官吏的丑态尽收眼底。为了查清乌拉山被伐树木一案,刘统勋离开归化城,骑着毛驴去乌拉山实地考察。

乌拉山属于乌兰察布盟乌拉特三公旗的西公旗所有,风景优美宜人。据说康熙皇帝曾规定不允许任何人擅自砍伐山中林木,因此乌拉山被三旗人奉为神山。绥远将军设立后,统辖乌伊两盟和土默特旗。因此,历任绥远将军每年定期率众前往乌拉山祭敖包,以示对此山的崇重。熟悉地方情况的归化厅吏员白德明瞅着乌拉山,想出了一条一本万利的生意计,即砍伐山中国有木材,将之捆成木排,顺黄河而下,便可同时省去木材买价和运输费用。传说就是他怂恿厅官普喜,行贿保德开具绥远城将军的印信,使西公旗不敢阻拦。后来,白德明和普喜做贼心虚,想利用检举保德贪污粮饷的事,掩盖私伐乌拉山木材的罪行。没想到,刘统勋通过私访,一并查了个清清楚楚。

获得确凿证据后,刘统勋才走大路,赴太原会见山西巡抚塔永宁。二人着官服行进,鸣锣开道,过丰镇、宁远(今凉城)进归化。归绥满蒙汉各官,到茶坊小营子(今大台什保全庄)的东茶坊关帝庙迎接,将刘统勋一行接入新城公馆。

开堂审理后,刘统勋传唤有关人证。保德、呼世图、普喜见铁证如山,皆俯首认罪。只有白德明狡猾抵赖,被当堂杖毙。经查明,保德伙同呼世图侵吞库银粮饷一万八千余两,保德因私开乌拉山砍伐,接受普喜贿银五千两等罪证确凿。刑部依据《大清律》判处案犯死刑,诏令刘统勋、塔永宁监斩,将归绥新旧两城四个衙门中的贪官污吏就地正法。

行刑之日,为了顾及封疆大吏的尊严,刘统勋没有将犯官们五花大绑,游街示众,而是下令全城戒严,百姓及驻防满族官兵都不准观看,又让人从将军衙门开始,搭了三里多长的席棚,将贪官们从席棚里边一直押到大校场。贪官们与家人话别后,由刘统勋随从副官用尚方宝剑正法。这就是归绥百姓相传的"刘大人一下子就坏(杀)了新旧两城好几堂官"。后来,山西崞县举人张曾著有《归绥识略》一书,在"宦绩"类中记道:刘统勋走后的许多年里,每当在街市上看见衣服整洁的白发老人,都会以为刘大人又来到了归化城。

3.明察秋毫止荒唐

乾隆二十五年(1760),刘统勋奉命查苏崇阿误论书吏侵帑案。

这乃是时任苏州布政使苏崇阿因纠察不细而造成的一场闹剧。起因是苏崇阿对账发现藩库数目不对,整整少了70万两。苏崇阿惊讶之下,怀疑书吏顾涵业中饱私囊,便立刻传书吏训问。怒问之下,书吏惊骇难当,承认自己贪污,不久上吊自尽。苏崇阿便将藩库存公短缺巨资,书吏畏罪自尽的事情上报朝廷。

突然少了70万两,这可算得上惊天大案了。乾隆心下生疑,认为巨额亏空，绝不是一朝一夕所致，书吏断不可能如此胆大，猜测或许是南巡导致账目不清，其中必另有隐情，但毕竟数额巨大，不可小觑，便派了刘统勋前往，会同当地督抚彻查此案。

刘统勋一到苏州，便展开实地调查。他调阅账目细细查看，又亲自盘点藩库库存，结果发现库存国帑丝毫未少！细究才知，原来是苏崇阿严刑逼供，致使书吏诬认贪赃。而苏崇阿竟然也不复查库存，不深究虚实，便直接上奏谎供为确切证据。言之凿凿，荒唐至极。接到刘统勋的奏报，乾隆愤愤不已，直斥苏崇阿"始则妄事刑求，继复遂非坚执，以数十万帑项，全不推究确实，遽尔驾空悬坐"，继而下令将苏崇阿发配伊犁，令其自备资斧，效力赎罪。试想倘若不是刘统勋明察秋毫，一旦此项罪名坐实，会牵扯更多无辜之人，而这个糊涂布政使还不知要继续制造多少冤案。

乾隆二十七年（1762），刘统勋奉旨审查御史戈涛奏顺天科场舞弊案时，再次以一双慧眼，避免了一场腥风血雨。

彼时，山西道御史戈涛上奏，顺天乡试有割卷及誊录改文之弊，希望乾隆皇帝下令让主考官查封贡院内各考卷。历史上，科场舞弊一旦查实，便是惊天大案。比如清朝历史上顺治十四年（1657）、康熙五十年（1711）所发生的科场案，牵涉面之广，处理之严，为科举制建立以来所未有。因此，戈涛这一奏议，引起了乾隆的高度重视，他直接委派已经是东阁大学士的刘统勋前去查审。

经过细细勘阅各卷，刘统勋发现实际情况并没有戈涛说得那般严重，只查出三本涂改太多、形迹可疑的试卷。建议移交刑部传讯。同时发现，科场规定中原有关于卷末涂改字数的相关条文，但是近来多不奉行。特请令礼部斟酌商议。

倘若不是刘统勋实事求是，及时澄清了科场舞弊案，上自考官，下至考生，恐怕不知多少人要受到株连，又会有多少冤假错案。

第二节　刚直忠谏，匡正朝纲

一、扬正气初露头角

乾隆六年（1741），刘统勋服丧期满，初复原官刑部侍郎，后改授督察院左都御史（从一品）一职。

督察院，是直属于皇帝的监察部门，与刑部、大理寺合称三法司，主要负有监察政治得失、弹举官邪、按察地方吏治，以及议政之责。从皇帝到百官，从中央到地方，从政务吏治到个人修德，都是督察院所监察的范围。左都御史便是督察院的最高长官，属九卿之一。

作为品级最高的言官，左都御史负有匡正官场正气的大任。因此职位的特殊性，左都御史的选用标准非常严苛。宋代司马光言："凡择言官，当以三事为先：第一不爱富贵，次则重惜名节，次则晓知治体。"从清朝择选情形来看，清正廉洁、忠心耿耿、刚直敢言、博通古今是必备的要素。而刘统勋就是其中突出的代表。他的勇气与刚直不阿，在他任刑部侍郎时期便可见一斑。

乾隆二年（1737），刘统勋刚上任不久，便奏陈了封疆大臣偏袒的陋习。他指出，督抚提镇任职前，往往奏请随带人员，以备委用。但是，封疆大臣素日有真知灼见，地方干练之才足以担当左膀右臂。随带人员只不过是为了培植心腹，以挟制要职。这种方式被众人议为私交，竞相仿效，滋生弊端。他建议今后除了河务、军务这类特殊需要，一律停止随带请求。若属地范围内人才不堪其用，则奏请由部里直接派遣。若调任之后，属员内确实有出众人才，则可以据实保奏，听候皇上谕令，量才任用。

从刘统勋所奏来看，其眼光不可谓不独到，他从大处着眼，从细节入手，直指当时紊乱朝纲的陋习。而对于清廷来说，要纠正这样一个弊端，并不需要大动干戈，只需一纸谕令，便可令行禁止，从而达到维护政体纲常的目的。结果自然是吏部议准"从之"。

刘统勋去除积弊、整顿吏治的序幕就此拉开。此后，刘统勋的奏本像一把把利剑，一次次对准了官场的不良习气。

乾隆三年（1738），刘统勋参奏毛之玉不守丁忧之罪。

据《尔雅·释诂》言："丁，当也。"《尚书·说命上》言："忧，居丧也。"所谓"丁忧"，就是遭逢居丧的意思。"百善孝为先"，按照儒家的孝道观，为官之人，从得知父母丧事的那一天起，必须辞官回乡，为父母守孝二十七个月，服满后方能复官。且在此期间，不得外出应酬。倘若隐匿丧事不报，一经查出，便要严惩。但是，在权力的诱惑下，许多官员明知于礼不合，与制不符，仍然抱着侥幸心理，易衣拜官，送礼赴席。

乾隆二年（1737），朝廷不仅严禁这种陋习，而且规定触犯丁忧制度的官员在服满补官之时，降三级调用。即便如此，规定后的第二年，御史毛之玉仍顶风作案。据刘统勋参奏所言，毛之玉虽然回籍守制，但是心不在守孝上，更不知居家读礼，而是将心思用在了送礼干谒上。

遵行孝道乃最基本的人伦之道，而毛之玉所作所为，实有扰乱民心、败坏风俗的负面影响。这样利欲熏心、漠视人伦、无视王法的官员为刘统勋所不能容忍，唯有当头棒喝，方能以儆效尤。

刘统勋的弹劾上疏之路仍在继续。

二、一天两上疏

乾隆六年（1741）十二月初三，刘统勋一连上了两份奏疏，剑指胥吏和督抚提镇。

其一，参胥吏代作封奏。

封奏，即密封奏折，是官吏向皇帝秘密奏事的文书。清初沿袭明制，大臣奏公事或私事，需要用题本或奏本，这两种文书由通政使司进呈皇帝，在皇帝批阅之前，内阁大学士已经先行"票拟"过，即把批阅建议写在纸上并贴在各奏疏上。这两种文书经办人员太多，容易泄密，而且运转速度很慢。雍正时期，为了更有效地上传下达，改用封奏呈阅。皇帝赐给主要官员带锁的黄绫糊木匣。钥匙一共有两把，一把大臣自己留存，一把内廷存放。重要奏折，需放入匣内，封锁廷寄，由皇帝亲自开锁。这种封奏免去了中间环节，可使奏折迅速到达皇帝手中，皇帝朱批后，又可直接发还上奏官员，极大地提高了办事效率。同时，封锁廷寄，还有保密的作用。

因奏折牵涉国家大事,所以要求大臣亲自书写,一般不容许他人代笔。但是,刘统勋发现,一些养尊处优的官员,竟然令胥吏代作封奏。这便容易导致"挟嫌怀私、党援报复以及招摇漏泄等弊"。

说胥吏代笔会泄露国家机密,这比较容易理解。但要说代笔会导致"挟嫌怀私、党援报复",这是不是有点夸张?当然不是。这还要从胥吏的身份说起。

在古代,官吏往往连称,但实际上"官"与"吏"乃两类人。"官"是由朝廷正式任命,在各级政府部门中担任管理职务的人员,他们有着比较完备的升迁与奖惩机制,且在一地为官有任期限制,一般三年一任,也有的在短时间内即可升迁。而"吏"虽然在官府内办事,但仅仅负责操办各种具体事务。"胥",广义上是吏的一种;狭义上,"吏"主要负责文案事务,而"胥"主要供官员役使。因为两者都是指官府的各类办事人员和差役,后世遂将胥、吏并称。总体而言,胥吏主要负责收发公文、誊录文书、保管档案、登记账簿、催征赋税、维护治安、管理仓库、押解犯人,以及迎来送往等杂务。他们的身份并非官员,而是平民。对比官员而言,他们没有升迁的机会,主要由当地人充任。

由于官员频繁迁移,他们其实很难深入了解所任职地区或部门的实际情况,而当地的胥吏,尤其是久居一职的胥吏,则深谙当地钱粮刑名情况。因此,胥吏的身份地位虽然低微,但只要稍微做一点手脚,便很容易欺上瞒下、营私舞弊、谋取私利。比如,三司吏人泄漏机密以邀利,管理官府财物的胥吏伺机侵吞,管理人事的吏部胥吏索贿泄愤等,还有的胥吏窃权弄政，架空官员，就连"包青天"也未能幸免。

沈括的《梦溪笔谈》便记述了包拯被犯人与胥吏合伙欺骗的旧事：在包拯任开封府知府时，有人犯罪，按律当杖脊后流放。犯人知道行贿包拯是不可能的，转而贿赂胥吏。两人相商利用包拯的仁慈之心，演一出苦肉计。当包拯审案时，犯人拒不认罪，不断辩解。胥吏则不等包拯发话，"先发制人"，高声斥责他藐视公堂，大呼拉出去杖刑侍候。包拯见胥吏越权，自然十分生气，下令将胥吏拖出去杖刑，同时，特令从宽处理犯人，只施以杖刑，不再流放，以示宽宏大量。沈括感叹曰："公知以此折吏，不知乃为所卖也。"

虽然历代朝廷再三要求官员严格驭吏，但是官员行使职权离不开胥吏，胥吏弄权谋私的情况便不可能根除。由此可见，刘统勋的担心不无道理。倘若国家机密被某些无良胥吏所利用，那对于清朝的政治统治而言，必然有百害而无一利。

只是，刘统勋上奏后，"查定例内、未见吏胥代作封章之条"，因此"未便参奏"。不过，九卿议奏，着吏部对此类情况定出如下规矩：一、让书吏代作封奏，致使公文泄密的，重者降一级留任，轻者罚九个月俸禄；二、如果代作封奏导致"挟嫌怀私、党援报复"的情况，作奸者照例革职，书吏按律治罪。至此，在刘统勋的努力下，封奏制度得以完善，避免了可能出现的诸多弊端。

其二，参奏督抚提镇私用中军。

督，为总督；抚，为巡抚；提，为提督；镇，为总兵。这四类官员，乃直隶和各个外省的文武要员。按照清制，直隶和外省的督抚提镇，各设中军一人，主要负有承办公务、支发钱粮的职责，并不是给上司服役的私属。但是，据刘统勋观察，督抚提镇私用中军情况比较普遍，表现在方方面面，比如：若督抚提镇有事出署，中军便随侍左右，亲自料理车马船只事宜，堪比保镖。督抚提镇还往往托付中军代为采办柴炭米盐等生活用品。道府州县等官，到了省府，为了打听总督和巡抚的动向，往往先拜访巴结中军，宴会往来，等候消息。有的中军便与道府州县官员藉端营私，广通声气。每逢节假日，外省督抚提镇衙门，张灯结彩，摆设酒席。中军曲意逢迎，竟然让士兵充当优伶杂戏。那些医卜星相、棋师琴客，更通过中军的引荐，而出入督抚衙门。

私用中军不仅有失体统，而且足以助长地方歪风邪气。若中军借机营私，则一省之政令必然废弛。因此，刘统勋建议立即停止私用中军，不准各督抚提镇让中军代为奔走米盐之事。若有中军借宴会营私舞弊，可立即弹劾参奏，若有中军仍然为奉承讨好督抚提镇，引进优伶等人，则以不合为官体统，交吏部处罚。所空缺出的中军职位，除了皇帝亲自指派推补，长官须从应补或应升此缺人员中，拣选端方勤练之人补用。若选出的人不称职，则照滥举匪人，即滥举行为不端正的人的罪过，交吏部处罚。

刘统勋一天连上两奏疏，尤其是敢于参奏督抚提镇等文武大员，在全国政坛引起了不小的反响。虽然说言官的职责就是发现和指出问题，但是敢于剑指朝廷要员，还是需要相当的勇气和担当的。不过，这只是刘统勋言官之路上的小小篇章，最让日后史学家津津乐道的，是同一年年底，刘统勋弹劾张廷玉和讷亲两位重臣的两道奏疏。

三、言官出重拳

言官素来在社会和政治生活中具有特殊的身份和职权,负责监督与上谏,以维护朝纲和人心的正气。皇帝和文武百官的一言一行,国家大事与社会生活琐事的方方面面,都在他们的注视之下。

如果说刘统勋敢于剑指督抚提镇,已是能常人所不能,那么,他敢于弹劾当时如日中天的大学士张廷玉和尚书讷亲,更是常人想都不敢想的事情,单凭这份莫大的勇气和智慧便足以名垂青史。

张廷玉何人?康熙文华殿大学士兼礼部尚书张英之子,康、雍、乾三朝元老。讷亲又是何人?开国元勋五额亦都曾孙,康熙辅政大臣遏必隆之孙,康熙帝孝昭仁皇后之侄,可以说讷亲一门显贵,世为皇族姻戚。这两个人又都是雍正帝临终前指定的顾命大臣。

刘统勋敢弹劾他们,仅这个消息便足以轰动朝野。决定弹劾当朝皇帝最为倚重的两位重臣,他该具有何种心路历程?在递交奏疏前,刘统勋必然也曾设想过可能带来的后果,或许也曾焦虑挣扎过。但是,身为言官,怎能唯唯诺诺?分内之事怎能推脱?刘统勋的学识、品德、正气和责任感,都不允许他退缩。经过一番深思熟虑,他这样措辞:

> 大学士张廷玉历经三朝重用,名望极盛,但晚年实在应当谨谨些,外面对他的责备已经很多。我私下听到舆论说:"现在的缙绅望族有一半出自桐城张、姚家族。"今天张氏家族做官的,有张廷璐(张廷玉弟弟,张英第三子)等十九人,姚氏与张氏世代联姻,当官的有姚孔𨰿等十人。当然,两姓本就是桐城文化巨族,官衔获得的原

因比较多，或者因科目荐举，或者因袭荫议叙，如此日积月累，以至于到今天，不好仓促决议淘汰。但是，应该稍微抑制一下张氏子弟的升迁之路，使张廷玉戒满避嫌。这未尝不是保全他晚节的做法。请从现在起，三年之内，除了皇上的特别诏令，一律停止张氏子弟的升迁。

而在另一道奏疏中，他说：

尚书讷亲，还没到四十岁，便已统理吏部、户部两大机要部门，同时监领侍卫内大臣及军机大臣等职，又时常蒙受皇帝单独召见，一人承旨，属下官吏趋炎附势，同僚也避争其锋芒。但凡部中议论大事，要么反复不定辩驳诘问，要么略不顾瞻，他说什么别人必须执行，定下的文稿必须限期完成，长此以往，完全没有心存谦诚、集思广益之道。请皇上批评训斥，使他知道反省改变，他所主持的公务，也应酌情裁减，以免有荒废之忧。

虽然是批两位大臣，但是刘统勋实际指向的是一个至关重要的问题——朋党。自古以来，朋党之争祸国殃民。在清朝，由于满族主政，党争更为复杂。康熙朝有索额图和明珠之争，雍正至乾隆朝鄂尔泰与张廷玉的互争便包含着满汉矛盾。彼时，二人针锋相对，各自划分势力范围。鄂尔泰为满族贵族，追随者多为封疆大吏、地方督抚、将帅等满族官员。张廷玉为汉臣，拥护者多为六部长官、文化名流等汉族精英。据传，二人矛盾最深时，见面连招呼也不打。鄂尔泰、张廷玉与讷亲，都是雍正指定的顾命大臣，但是鄂尔泰、张廷玉都比乾隆年长30多岁。乾隆当政时，二人都已经60岁左右，且羽翼极丰。而讷亲年富力强，是雍正老臣中最年轻的一员，因而被乾隆视为最可造就的一位。乾隆初政便重用讷亲，意欲将之培育成自己的亲信，用来裁抑鄂尔泰、张廷玉等一班老臣。到乾隆六年（1741），刘统勋参参讷亲时，讷亲在朝中的地位已经有了很大的变化。讷亲没有首辅之名，却有首辅之实。

身为言官，刘统勋敏感地观察到朝廷形势的变化，为可能出现的紊乱局面而忧心。不过，毕竟弹劾的是朝之重臣，因此，他的措辞虽然激烈，但也十分谨慎周到，展现了成熟的政治素质。

第一，不偏不倚。不是仅弹劾张廷玉，或者仅弹劾讷亲，而是一起参奏。刘统勋出于公心，不怕同时得罪两大重臣，这样客观上也可避免自己成为其中一党拉拢或者打击的对象。

第二，措辞谨慎。他侃侃正论，只是指出了张、讷二人权势日重的事实，并没有抹杀二者功绩，也没有妄评其结党营私，而是向皇上暗示有此等危险。他指出张氏家族仕人众多，但也提到其家族子弟做官有许多正当升迁之路。他指出讷亲做事雷厉风行，说一不二，但对他的指责只是担心他失去了怀谦集益之道。

第三，洞若观火。刘统勋深知过犹不及的道理。从历史来看，新君与老臣之间往往矛盾重重。权力争夺之下，和睦者少，反目者多，老臣遭杀的悲剧屡见不鲜。张廷玉乃三朝元老，国之重臣。对于乾隆来说，他既是雍正皇帝临终时特意嘱咐，死后配享太庙的老臣，又是主政初期必须倚重的得力助手，同时也是需要牵制的汉臣领袖。二者的关系其实非常微妙。张廷玉一旦失了分寸，便会失去圣心。

因此，刘统勋所提停止提拔张廷玉及族人的奏议，不失为保全张氏家族荣耀的上策。陈康祺在《郎潜纪闻》中便曾高度评价刘统勋的此番奏疏，言"文正与文和故交，此奏可谓爱人以德"。这里的"文正"与"文和"，分别是刘统勋和张廷玉死后的谥号。刘统勋其实十分敬重张廷玉，曾经专门赠其一首《题桐城张相国赐园泛舟图》诗。在张廷玉日后告老还乡时，又曾赠作"住怜梦里云山绕，去惜天边雨露多"的对联。此时的讷亲则风头正劲，青云直上，褒可言其雷厉风行，贬可批其刚愎自用。想来刘统勋亦心知乾隆重用讷亲，培植亲信的想法，因此，他的建议不是停止升转，而是加以训示，使之知道收敛。

从后来二人的命运来看，刘统勋相当具有预见性。

张廷玉晚年固执好激动，与乾隆渐生嫌隙。他一心求辞官回乡，当乾隆终于允许后，竟然跑去跪求乾隆出一个凭证，保证让其死后配享太庙。这一跪，虽然逼得乾隆拟了手诏，申明雍正帝的成命，却让乾隆心里非常不痛快。乾隆作诗云："造膝陈情乞一辞，动予矜恻动予悲。先皇遗诏惟钦此，去国余恩或过之。可例青田原佑庙，漫愁郑国竟摧碑。吾非尧舜谁皋契，汗简评论且听伊。"由此可见，张廷玉对自己的不信任，令乾隆心里不是滋味。而当第二天，张廷玉没有自己前去，而是派了儿子张若澄入宫谢恩，便更令乾隆恼火。他传旨令张廷玉回奏。此时，身在军机处，由张廷玉一手提拔起来的汪由敦知道乾隆这一次动怒，非同小可，便让人给张廷玉传话，让其小心应对。哪知张廷玉不待旨意下达，便在第二天早上跑到乾隆面前谢罪。这就更令乾隆认定军机处泄露了机密，借此削去张廷玉伯爵爵位，革汪由敦大学士之职。不久，他派人把历代配享之臣列了个名单，送给张廷玉阅读，让他明白：自己比得上这些人吗？皇帝的这番发问，使张廷玉只能回奏请求罢免自己的配享资格。最终，乾隆明令取消他的配享资格，只以原职回乡。但是，这还不是最惨的境地。后来，张廷玉因为姻亲四川学政编修朱筌坐罪，而被勒令上缴所有所赐物品。直至乾隆二十年（1755），张廷玉死后，乾隆念及雍正遗诏，才命其配享太庙。

讷亲的命运亦是如此。乾隆十三年（1748），金川战事失利。乾隆急需一个能够统筹全军的人，便把自己最信任的朝臣讷亲派往前线。但是，讷亲从未带过兵，并非统军之才，导致指挥无度。而他生性自负，盛气凌人，与时任川陕总督张广泗将相不和，致使军心涣散。几年下来，金川战事毫无进展，乾隆对讷亲渐渐失望。与此同时，乾隆又听说讷亲坐在帐中指挥，从未亲临战阵，更加气急败坏，命令讷亲回京述职。不料，讷亲竟急切上书陈请返归。这令乾隆对其彻底失望，下令就地拘禁。乾隆十四年（1749），乾隆下令押解讷亲回京，进而令他以祖父遏必隆遗刀自尽。讷亲的死，其实也有乾隆的问题——讷亲乃文臣，本就不是领兵之人，毫无作战经验。但是因他在并不熟悉的军务面前，依然孤傲地不可一世，这便注定了他的失败。

这两份奏疏犹如平地一声雷，让乾隆帝百感交集。他知道倘若将这两道奏疏如寻常奏折一样交由百官议论，必然引起一场轩然大波，不仅会让张廷玉、讷亲心惊肉跳，文武百官议论纷纷，刘统勋本人恐怕也有性命之忧。于是，他亲自办理。

字斟句酌之后，乾隆颁布谕旨，通晓百官。谕旨言："朕认为张廷玉和讷亲若果真声势显赫，擅自作威作福，刘统勋必不敢上这样的奏章。今天，既然刘统勋能有此奏疏，那么可以知道二者并无钳制同僚的声势。这是国家的祥瑞，朕心转以为喜。况且，大臣办公责任重大，原本也不免受人指责。就算你们办事情，又岂能没有差错？古人一直崇尚，听到别人指出缺点,应当高兴和虚心接受。大臣是众人的体统,见到别人指出自己的过失,只应当更加警惕,正所谓有则改之,无则加勉,倘若心存不快或嫌怨,那就没有大臣的气度了。"一番话,既保全了张廷玉、讷亲二位重臣的体面,又保护了刘统勋的人身安危。倘若日后,谁与刘统勋计较,便成了乾隆口中没有气度之人了。

乾隆进而回应刘统勋的奏疏:大学士张廷玉亲族众多,所以登仕籍者亦多,这乃是张氏的家运。然而其亲族子弟,或许有骄纵放肆之念,身为上司的,或许有瞻前顾后之情,这远非大学士所能预料。如今一经察议,人人知道谨小慎微,反而有益于廷玉。讷亲为尚书,倘若遇事推诿,不肯担当,凡事模棱两可,那怎么办公?但凡办事,不可避免有未协之处。何况朕时时教诲,使之戒除自满自足。近年来,讷亲已经知道恪守朕的教训。今天见到这封奏疏,益当留心自勉。至于职掌太多,倘若有可以减少的地方,听候朕酌量降旨。近来参奏大臣的人,往往言过其实,殊不知以今日之势而言,若有擅权营私的人,朕一定会明察秋毫,断无不能察觉而不明真相的道理。弹劾大臣,有关国体,此等奏折,若不发出,宵小无知者,一定以参奏大臣为进阶之路,其为害人心风俗,实非浅鲜。著将二折发出,谕众知之。乾隆的这番回应,可谓煞费苦心。第一,安抚与警告并存。二人均是朝之重臣,作为皇帝,自然不能因为言官的奏疏,而伤了他们的尊严和工作积极性。因此,必须先肯定张、讷的政绩。但是,刘统勋所言在理。对于朋党,他本身也有警惕之心。倘若对此置之不理,或一味地为二人说话,恐增强其气焰,进而促使其结党营私。因此,必须敲山震虎。他此时并没有从实际行动上裁抑二人,但是将刘统勋的上疏公之于众，并亲自下谕，本身便含有警诫的意味。第二，评议弹劾风气。话语中似带有批评刘统勋"言过其实"的意思，再一次表明对张廷玉和讷亲的信任。况且，刘统勋此时远远比不上二人在乾隆心目中的分量。对乾隆而言，张廷玉和讷亲乃是国之要员，而刘统勋只是一个左都御史，孰轻孰重，一目了然。但是，这并不代表乾隆对他们格外施恩，更不代表乾隆对刘统勋的不信任。相反，洞察秋毫的乾隆皇帝，不仅没有对刘统勋有任何训诫，反而越发了解和欣赏刘统勋的为人。这两封被皇帝亲自处理并公开的奏疏，也让刘统勋名闻朝野。一纸谕令考虑了张、讷、刘三人的体面与尊严，又包含了安抚与警示，可见乾隆高超的情商和政治手腕。

所幸，张廷玉为人谨慎，讷亲私心不多，又有乾隆皇帝训诫在前，因此，一场足以引起朝政震动的轩然大波，在乾隆的小心处理、左右平衡之下，顺利地化解了。刘统勋并未遭到人身攻击和排挤。他的匡扶朝纲之路，仍在继续。

四、禁漏泄杜僭越

乾隆八年（1743），继参胥吏代作封奏和督抚提镇私用中军后，身为言官的刘统勋再一次将眼光聚焦在封奏制度和地方大员身上。这一次，他言辞更甚，直接斥责督、抚、藩、臬四大行政长官故意欺蒙，以及妄自尊大、僭越威风的不良习气。

前文已述，"督""抚"乃总督与巡抚，"藩""臬"则分别指布政使与按察使。布政使，一般称为"藩司"，与巡抚同品级，从二品，主要掌管一省行政和财赋出纳。按察使，一般称为"臬司"，正三品，乃司法机构官员,掌刑名吏治。乾隆以后,藩、臬不再具有行政独立性,而被降为督、抚属员。因此,这四者不仅是地方上拥有最高权力的平级长官,而且具有从属关系,联系极为紧密。

各地方长官和平相处、遇事协商固然是好事,但是相互议论给皇帝的封奏,则属于欺君了。前文已述,封奏设立的初衷之一是保密。在奏疏公开以前,知道相关内容的人理应只有上奏者和皇帝本人。但是,据刘统勋观察,督、抚、藩、臬在陈奏密封的同时,还彼此关联酌商。这便使封奏失去了保密的意义。这种行为被刘统勋斥责为"若非扶同掩饰,即属故意欺蒙。自应分别查议,以示惩戒"。他进而建议,以后但凡需要密奏的事件,在上达天听公开之前,上司属员之间一概不得互相协商参与议论。如果有泄露机密、互通消息的,一经发现,要按照事情轻重,分别治罪。

除了告诫督、抚、藩、臬应在政局要事上谨守朝廷设立的规矩,刘统勋还对总督和巡抚妄自尊大、僭越礼制的生活作风提出了严厉的批评。

中国自古以来被称为"衣冠上国,礼义之邦"。《诗经》云:"变风发乎情,止乎礼义。发乎情,民之性也;止乎礼义,先王之泽也。"君臣父子之间,夫妇长幼之间,同僚友朋之间,无不执礼相待。同朝为官,上级与下属之间,亦要尊礼守礼,以维护长幼尊卑的官场秩序。比如,《会典》明确规定了总督、巡抚会见文武属员当使用仪仗旗枪。在专制统治之下,臣子应谨守分寸,不能触犯天子威严。

但是,清朝的总督、巡抚可有点失了分寸。据刘统勋观察,督、抚在私人会客时,居然十分讲究坐位朝向,饮酒看山游玩之际,也有属员随从。但是这些并无礼制可考。至于代天子巡狩之牌,黄衣短褂之从,护卫班房之名，更无原委可考。皇帝出行时，御前侍卫、御前大臣等随从，必须穿着黄色的马褂以壮行色。这里的黄衣短褂指的便是这种"行职褂子"。可见，督、抚为了抬高自己的身份，想出了许多原本没有的名目，甚至打着替天子巡狩的旗号，僭越皇权，擅自设立排场。在刘统勋看来，此类歪风邪气绝不能姑息。

不过，他还是比较委婉地替这些督、抚找理由："或因旧习而不知改，或改除而不能尽，以致形迹涉于侈肆、趋承过于卑谄。"进而告诫他们侈肆不是谨慎威仪，谄媚不叫小心翼翼。这些侈肆与谄媚的行为，实在并非封疆大吏应有的气度风范。这便是刘统勋的政治智慧，他出于公心上奏，意在警醒整顿吏治，并非为某人网罗罪名。他认为，一方面直接指出问题所在，一方面给对方一个台阶，使事情有回旋余地，才能达到让对方安守本分的目的。刘统勋最后建议：通行直省督抚，以后所有仪从器仗的使用，都要遵从《会典》。各种应酬交际，应恭敬戒惧，并自行除去妄自尊大、违背定制的条例。被斥责举发弹劾的官员，当遵照违反制度的相关规定，交吏部拟定处罚办法。

孔子曰："天下有道，则礼乐征伐自天子出；天下无道，则礼乐征伐自诸侯出。"地方政事大局，关乎皇家尊严和权力安危。对于皇帝和国家而言，中央牢牢控制地方，才能避免国家的分崩离析。因此，对于刘统勋提出的这两条意见，乾隆完全同意。刘统勋以刚直不阿的作风，鞭辟朝政弊端，严肃官场风纪，对于乾隆前中期的吏治大有裨益。

第三节 知人善任，秉公荐才

科举对于士人的影响不言而喻，因此，自科举制产生以后，主考官的人选便为历代皇帝所重视。唯有人品端方、廉洁公正的大臣方能被委以重任。受乾隆倚重，刘统勋曾四次主持乡试、会试，拔取士子数以千百计。他慧眼识珠、秉公荐才，所拔取的彭元瑞、王杰、赵翼、姚鼐、李文藻、钱沣、周永年、朱珪、纪昀等人均成为后来的文坛名人和贤臣。

一、师生皆"文正"

在清朝200多年的历史上，以"文正"为谥号的大臣仅有八人。明代更少，仅有四人。"文正"最早称"文贞"，宋朝时为了避讳宋仁宗赵祯的名字，才改为"文正"。司马光认为"文"指其道德博闻，"正"指其靖共其位，"文正"乃人臣极美的谥号，无以复加。经过他的赞扬，后世文臣和皇帝更为看重这一谥号。在文官心目中，得此谥号，乃是莫大的光荣，皇帝则不会轻易予人。因此，但凡能得到这个谥号的人不仅是当时文人敬仰的对象，而且是皇帝所特别倚重的朝之重臣。

清史上的八位"文正"按顺序分别是汤斌、刘统勋、朱珪、曹振镛、杜受田、曾国藩、李鸿藻和孙家鼐，均为国之重器，当世名臣。汤斌是清初理学名臣，一生清正廉明。曹振镛学问渊博，克勤克慎。杜受田和孙家鼐分别是咸丰和光绪之师，为师为相殚精竭虑。曾国藩和李鸿藻均为晚清重臣，前者创立和统帅湘军，为晚清"中兴四大名臣"之一，后者则是清末清流派领袖和主战派代表人物。而刘统勋和朱珪这对师生，则是乾隆和嘉庆皇帝最为倚重的朝臣。二人的师生名分，启于乾隆十二年（1747）。

这一年，朱珪才16岁，与兄长朱筠同时应试。刘统勋便是当年主持顺天乡试的正考官。朱珪才华横溢，深为刘统勋所欣赏。刘统勋和阿克敦初读朱珪的文章，已属意点为头名，只是看到纪昀的卷子后，才改纪昀为第一，朱珪为第六。

朱珪考中举人之后，按礼拜访感谢刘统勋。刘统勋爱才，邀其第二天继续来府里做客，并让刘墉作陪。师生、同辈之间以文会友，好不自在。看到墙壁上的《狻猊噬虎图》，刘统勋一时兴致，便让几个年轻人按苏东坡石鼓诗韵题诗。朱珪写道："东龙西龙斗赤日，白髯老蛟碎玉斗。"读了他的应景之作，刘统勋更觉惊奇，赞叹他"诗文已成家，留心经济，必成伟人"。

朱珪此后终身执弟子礼，敬重刘统勋，而刘统勋亦时常提点朱珪。朱珪初任监察使时，心中有些茫然，便跑到老师那儿取经。刘统勋便以围棋声东击西之法教导他："子知之，子不忆子与某围棋乎？棋隅穷于东，子顾而之西，不劫劫以为奇也。"这令朱珪终身奉为"大儒之规"。

当突然听闻恩师去世的消息时，朱珪悲恸地写下了长篇悼文。在他看来，刘统勋"有李文靖、王文正之清刚，而躬逢尧舜，协于明良，无门户城府之私而士气遂，有惇大正直之德而元气昌"。此处的李文靖、王文正，分别指的是北宋真宗时名相李沆和王旦。李沆注重吏事，有"圣相"之美誉，王夫之称其为"宋一代柱石之臣"。王旦则知人善用，多荐用厚重之士。朱珪深为感叹，希望自己不辱刘统勋之门墙。

他没有辜负老师的期望，始终以"养心、勤业、敬身、虚己、致诚"为箴言，品格端方，处处以庶民百姓利益为重，为国事呕心沥血。他为乾隆所倚重，成为永琰即日后的嘉庆皇帝的老师，即便后来因遭受和珅排挤而不在朝中任职，亦与嘉庆书信频繁，深得其信任。

同样，刘统勋为人之俭朴、为官之清廉亦深深影响了朱珪。在朱珪的记忆中，老师清廉自守，甚至可以说对自己极为苛刻。有一次，刘统勋夜宿翰林西厅，时至严冬，有人想给他送床被子，却被他拒绝。他宁可端坐着打盹儿，也不肯接受外人的被子御寒。旁人大惑不解，而刘统勋只是淡然地说："锦鲸卷还客，始觉心和平。"在朱珪看来，恩师洁身自好如此，旁人无出其右。刘统勋去世时，乾隆帝即日临丧，因刘府门府狭窄，不得不去掉舆盖，方能入内。而朱珪去世，嘉庆前往祭奠时亦然。朱珪做官五十余年，依然寒素，门庭卑隘，御轿竟然抬不进去。嘉庆评价他"半生惟独宿，一生不言钱"。

师生二代"文正"一生清廉俭朴，端方淳厚，为国为民。叹然佩然！

二、纪昀生命中的贵人

谈起纪昀（纪晓岚），恐怕无人不知他是乾隆朝的大才子，是《四库全书》的总纂，以及《阅微草堂笔记》的作者。但是，如果没有他的老师刘统勋，纪昀恐怕没有机会名留青史。这还要从纪昀跌宕的人生说起。

纪昀乃是乾隆十九年（1754）的进士，不过他于乾隆十二年（1747）便以第一名解元通过乡试。这一年会试的正考官恰好就是刘统勋。这一年的顺天乡试，人才济济。原本，阿克敦和刘统勋已经拟定朱珪为首魁，就在这时，陈锷呈上了纪昀的试卷。二位主考先读了第二场的《谢表》。纪文引经据典，辞藻瑰丽，让两位主考官不由得为之赞叹，再看陈锷的批语："抽园客五色之丝，织天女七襄之锦。高文典册、沉博绝丽，非此鸿笔，不足称斯钜典，殆和其声，以鸣国家之盛者耶。固宜书以银管，丽彼金泥。"如此高的评价令二人更为兴奋，当即决定改纪昀为头名。就这样，因为刘统勋的慧眼识珠，纪昀得以崭露头角，二人自此结下了浓厚的师生情谊。至乾隆三十三年（1768）前，他先后入选翰林院庶吉士、编修，任武英殿纂修、功臣馆总纂、国史馆总纂、方略馆总纂、提督学政、贵州都匀知府和侍学士。倘若没有两淮盐引案，或许纪昀的人生能够一帆风顺。但是，命运的转折就是这么出乎意料。而这次人生的转折，与刘统勋有着莫大的关系。

两淮盐引案是发生在乾隆时期的一件轰动朝野的贪污案。两淮盐政尤拔世向乾隆上奏前任两淮盐政普福索贿盐商的行为，从而牵扯出历任盐政等官员营私侵蚀，官商上下勾结等弊行，侵吞税银达千万两之多，连续舞弊达数年之久。乾隆帝命将原任盐政普福、高恒,盐运使卢见曾革职并处决。原本,这桩案子与纪昀没有什么关系。但是,这卢见曾偏偏是纪昀的亲家。纪昀的长女嫁给了卢见曾的孙子卢荫文。一看亲家有难,纪昀坐不住了,爱女之心胜过了一切,最终命人向卢家通风报信。而这一切没有逃过明察秋毫的刘统勋的法眼。

  学生犯错,亦要追究。案子的主审、铁面无私的刘统勋没有徇情,如实奏报。于是,卢见曾获判秋后问斩,纪昀也获罪革职,发配新疆。纪昀的人生瞬间从翰林院侍读学士降至最低谷。不过,纪昀丝毫没有责怪自己的老师,反而始终敬重恩师。他曾在写给友人的墓志铭里,引用刘统勋对自己的训诫以共勉:"士大夫必有毅然任事之心,而后可集事;必无所牵就附和,而后能毅然任事;又必一尘不染,一念不私,而后能无所牵就附和。至于仕宦升沉,则有数焉,君子弗论也。"

  人生的际遇如此奇妙,因为刘统勋,纪昀被发配新疆;但是,也由于刘统勋,纪昀才有了重新开始的机会。

  虽然乾隆帝已经给卢见曾等人判了刑,但是刘统勋没有放弃继续勘察。即便卢见曾病逝扬州狱中,他依然仔细审视,在卢见曾去世三年以后,上书乾隆,详细陈述了卢见曾在位期间整修西湖等业绩,还指出案发时,卢见曾有可能被当地狼狈为奸的官商栽赃陷害,实际罪不至死。刘统勋为其昭雪之后,被牵连的纪昀才有了返京的可能。乾隆三十五年(1770),纪昀被乾隆召回,次年回京。但是,纪昀漏言乃是实情,乾隆因此只给了他一个翰林院编修之职。而这个官职是纪昀十三年之前,即乾隆二十二年(1757)时仕途的起点。由此可见,纪昀虽然得以回朝,但是却失去了乾隆的信任。

不过，命运之神再次眷顾了纪昀，而他命里的贵人仍然是刘统勋。乾隆三十八年（1773），乾隆诏令编修《四库全书》。不过，刘统勋认为修书并非当下要务，且担心滋扰百姓，引起文字狱和党争，因此反对开四库全书馆。但是，刘统勋仍然被乾隆托付重任，担任《四库全书》总裁官。总裁官虽然不用具体负责编纂事宜，但是总揽全局，足见乾隆对刘统勋的信任。

当乾隆下令在翰林院官中选拔纂修官后，刘统勋内举不避亲，大力举荐了纪昀。后来，考虑到《四库全书》涉猎浩繁，需要有人仔细斟酌考核，以免挂一漏万，水平参差不齐，刘统勋再次举荐纪昀及提调官郎中陆锡熊担任总办。这才成就了纪昀《四库全书》总纂官之名。

纪昀一生痴迷于赏砚、藏砚，因而负有"九十九砚斋"的雅号。刘统勋知道自己这个门生的爱好，更知道他自负甚高，为了鞭策他特意送给他一方黄贞父砚，希望他以郑玄为榜样，仔细校订、谨慎下笔。郑玄，乃东汉末年的经学大师，毕生致力于整理古代文化遗产，遍注儒家经典，独创"郑学"，为后世学子所敬仰。

上任后的纪昀，没有辜负刘统勋所托，尽心竭力，一头钻进浩瀚书海，全身心扑在修纂事业上，在无数个日日夜夜中，辛勤检点、圈阅、流批。这一干，便是14年。他主持了《总目》分类和校勘、主纂总叙和类叙、排序修改等事宜，为了解决《四库全书》翻阅不便的问题，又撰写了《四库全书简明目录》20卷。在"四库馆"运行期间，他始终担任总纂一职，见证了中国文化巨典《四库全书》的诞生。

对于刘统勋的知遇之恩，纪昀始终充满感激。对于恩师的为人，他亦充满敬佩之心。刘统勋猝然去世时，纪昀悲痛地写下了"岱色苍茫众山小，天容惨淡大星沉"的挽联。多年以后，当与友人交流笔砚时，纪昀回忆起恩师赠砚仍充满感恩。他在《刘文正公旧砚》中感慨道："研材何用米颠评，片石流传授受明。此是乾隆辛卯岁，醉翁亲付老门生。"在《为伊墨卿题刘文正公墨迹》中，他写道："白头门下士，感慨意难胜。"

三、宰相肚里能撑船

刘统勋一生刚劲直言，但又委婉宽厚。正如他的弟子朱珪所赞："其清风刚气，凛乎不可挠；而敷与万物，宽然而有余。"世人都爱听褒扬之词，对于异见，则或愤愤不平，或漠然以对。正如乾隆朝著名的言官孙嘉淦评论人君的"三习一弊"所言："耳习于所闻，则喜谀而恶直"，"目习于所见，则喜柔而恶刚"，"心习于所是，则喜从而恶违"。人性亦是如此。但是，刘统勋却超越了人性上的局限，在为人处世上，如一位慈祥的长者和智者，豁达大度、宽厚仁慈。他本就是刚正不阿之人，便更能欣赏不阿谀奉承，能坚持己见的学人和官员，并不止一次地向他们表示由衷的敬意。

李斗在《扬州画舫录》中记载了刘统勋礼遇李道南的一则趣事。李道南，江都人，进士，素来刚正不阿，游历京城时，曾坚决拒绝了友人所赠送的五百金。有一次，李道南求见刘统勋。本来，刘统勋日理万机，疲惫不堪，能抽空接见，已是破例。但是，刘统勋顶不住身体的疲乏，稍微打了个哈欠，伸了个懒腰。没想到，就是这样一个小动作，让理学出身的李道南顿时心生不满，作揖求退，气氛顿时变得有些尴尬。刘统勋一脸茫然，心想可能哪里出了问题，赶紧问李道南："一句话没说，怎么就要走呢？"李道南正色道："《礼记》有言：'君子欠伸，侍坐者请退。'因此，我只能离去。"恍然大悟的刘统勋这才明白事情的原委。倘若换了别人，定觉得李道南太较真，但刘统勋反而十分敬重对方，并亲自书写了理学大家张载的名言"学颜子之学，志伊尹之志"赠送给李道南。其心怀之坦荡，风骨之脱俗令人赞叹。

对于与自己有不同见解的蒋纶和袁守侗，刘统勋同样心胸广阔。蒋纶是国史馆纂修官，在撰写列传时，每每遇到需要与身为总裁的刘统勋商量的地方，可从则从，不可从的一定反复考辨，疏通证明。这种较真的工作态度，赢得了刘统勋的尊重。等到推荐保送御史时，蒋纶本来不在保送名单上，刘统勋见到后，只说了一句"能够与我争辩的人，是真御史之才"，便举荐蒋纶为御史的第一保送人选。

袁守侗是直隶总督及河东河道总督，为人公正，乃清代十大清吏之一，深受乾隆皇帝信任，居丧期间仍被留任理事，后官至刑部尚书，秉公断案。他在任刑部侍郎时，刘统勋以大学士之职管理刑部。有一次，一个案子审得差不多了，所有人都已经画押表示认可，只有袁守侗不画，刘统勋觉得很奇怪。袁守侗则直言道："此案尚有疑点，还需斟酌。"袁守侗的质疑，让刘统勋一时间竟有些恼怒。他觉得此案已经没有疑点，完全可以定了，于是便拂袖而去。没想到，袁守侗也是个倔脾气，也转身往家里走。不过，没过多长时间，刘统勋便觉察到自己的问题，命人邀请袁守侗到府一叙，并亲自出迎，真诚地说："是我失误了，还是你说得有理。"从此，二人愈加相知互敬。

第四节　清廉正己，刚正不阿

一、拒叩门一身正气

"咚咚咚！"时近年根，刘府门外传来一声声敲门声。"老爷，是世家公子任楚抚求见，他自称带了千金来贺岁。""唉！"刘统勋一声叹息。他不是不知道官场中所流行的岁暮贺岁是什么，只是他素来洁身自好，内心深处十分抵制这股节敬的潮流。

所谓岁暮贺岁，原指每到年底，亲朋好友之间相聚互访庆贺新年。不过这种礼节放在官场上，却变了味道。年底的确是许多京官和地方官最为忙碌的时候，地方官们忙着去京城朝拜打点，京官们则忙着迎来送往。"孝敬"的礼金和实物数额不等，名目不一，令人眼花缭乱。靠着逢年过节的人情往来，官员们互通声息，倚为党援。

乾隆时期官场上的节敬往来，也是愈演愈烈。但是，此中人物，却不包括刘统勋。不过,仍有不了解他的人登门拜访,任楚抚便是如此。没有多想,刘统勋便命人将任楚抚的仆人唤了进来,正色道:"你的主人与我乃是世交,彼此问候,名正言顺。我只是暂时身在官场,不需如此。你回去告诉你的主人,可以将这些金银赠送给贫穷的故交。"

面对世家子弟,刘统勋即便介怀,尚能呼其仆人,一为委言拒绝,二为教育晚辈。但是,面对捐官的赀郎,刘统勋可就不留丝毫情面了。捐官,顾名思义,捐钱买官,虽说在中国古代有着漫长的历史,但是清朝尤为盛行,朝廷将之作为一种正常的升官途径和财政收入来源。拥有真才实学,依靠科举中第的"正途"官员,是不会与纳捐的"异途"官员排班站立的。靠纳捐上位的官员,往往为了拿回"捐官"钱而选择收受贿赂,致使官场更加腐败。以刘统勋的清正廉洁,他自然更加不屑与之为伍。

在一个夜深人静的晚上,一个赀郎不自量力地叩响了刘府大门。这一次,刘统勋不仅坚决不见,而且憋了一夜的怒火。第二天一早,到了政事堂,刘统勋便把其人召到眼前,厉声责问道:"贤者绝不会深夜叩门。你有什么事情要禀告,可以当着众人的面说。即便老夫有什么过错,你也可以劝诫规谏。"一番义正辞严,吓得这人本来想说,但又吞吞吐吐不敢说,最终什么也没说,垂头丧气地退下了。

这便是刘统勋,清朝官场之中难得的一股清流。

二、轻装简行一身清风

"皇恩雨露苏边草,使节星霜滞转蓬;几度拂云堆上望,纷纷得失悟虽虫。"这是刘统勋在归绥查保德大案时,所作的一首七言绝句诗。他一生俭朴廉洁，厌恶憎恨侵吞蛀食国家资财的官吏。有谁能想到，堂堂协办大学士，此时竟只带了少数随从，骑着毛驴侦办案子呢？

刘统勋在任内出使颇多。为了查案子，常常需要走南闯北，但是他一贯轻装简行，从未给沿途州县增加负担。洪亮吉在《洪北江诗文集》中，对比了刘统勋和乾隆中叶以后重臣出使的不同：

> 刘统勋屡次奉命出公差，只不过带两个奴仆，沿途只换六七匹驿马。到了行馆，即官员出行在外的临时居所，便令随从只在后厢走动，自己则在前面办公，晚上睡觉时也是这样。吃饭时，刘统勋吃完，就叫随从吃，等随从吃完、退下，才准负责撤饭的人进入。如此，不让这二奴见一个当地的人。倘若有什么需要，必须传话才准州县负责承应的人出入行馆。

由此可见，刘统勋不仅对自身的要求甚高，而且对奴仆的管教甚严，甚至有点不近人情。他不想过多地打扰地方，并坚决防范奴仆接触地方，作威作福。然而，乾隆中叶以后，亲信重臣出使的情况截然不同。出差公干的大臣几乎没有一个比刘统勋职级高，但没有一个比他恪守法律法令。相反，他们极尽奢侈，沿途勤换驿马，竟然导致驿站的马匹不足，地方只能役使百姓牵自己的马匹随侍左右。为了供应中央官员的物需，举数州县之力，贴补一州县的情况屡见不鲜。而为侍奉好这些大臣所巧立的名目，如"跕规、门包、钞牌、过站礼"等，更是五花八门。每次接待中央官员，地方州县官们便惴惴不安，生怕哪里做得不够周到，便一个不小心遭到打击报复，也有的趁机高攀，阿谀奉承。那些比较谨慎忠厚的官员，花费尚以千计，而那些自恃身份，讲究排场威严的官员，则极其奢侈，舆马、传厨等一应俱全,人数以万计,花费则以数万计。一方仓库亏缺,多因驿站花费过度。而驿站的糜费,又多由重臣出使导致。一方亏缺,地方官窘急无策,上级官吏便以调剂法应急。再亏,再调。不到十年的时间,州县仓库没有不亏损的。倘若都像刘统勋那样轻装简行,又处处遵守国家法律,民生吏治何至于败坏到此等地步呢?

三、廉能绝物议

"咚——咚——咚",乾隆辛卯(1771)正值会试,贡院已锁,却传来阵阵击鼓之声。考场重地,谁敢当此严肃之时,在此干扰?又所为何事?

原来,这是严长明趁着军机处向刘统勋禀告公务之时,为了求见刘统勋而走的险招。严长明的为人,刘统勋是知道的。其人博通古今,足智多谋,写出的奏章特别工整有逻辑,为可造之材。想来今日挝鼓求见,必有要事,便命人即刻招严长明入闱。

其实,严长明的挝鼓与刘统勋的应允,对二人来说,都是担着极大风险的。贡院乃开科取士之地,为了严防科举舞弊,不仅对考生所携带物品等有明细规定,以防夹带,而且禁止贡院内帘区和外帘区人员互相走动,以免泄题私通。同时规定,在考试期间,主考官需要与考生一同被锁在贡院之中,直至中第名单确定,放榜昭示天下,方能走出贡院。外人想进入,更不可能。因此,对严长明而言,即便确有要事,倘若刑部主事不是刘统勋,恐怕也不敢冒然挝鼓,因为他极有可能背上扰乱考场的罪名。想来,能促使他如此大胆的,除了案情的紧急和他自己的一片公心,便是他深深了解刘统勋宽厚的品性了。而对于刘统勋而言,在这个节骨眼儿上,放人进入闱场，极有可能招来串通、舞弊等诽议。但是，他素来知人善任，知道严长明必不会胡来，况且只要行端立正，又有什么需要担心的？

原来，云南粮储道罗长浩亏损铜厂银一万一千两，作为上司，还要承担分赔属下汪大镛所亏空的银一千两。乾隆下旨，令其限期内十倍赔付，即共需赔银十二万两，否则就地正法。如今罗长浩已经赔了银数万两，仍然有几万两赔银没缴清。而期限快到时，罗长浩便乞求宽限一些时日。皇帝令军机大臣和刑部查办，这个案子便到了严长明这儿。但是，恰巧刘统勋入闱，诸同僚不敢决断。眼看着不待刘统勋出闱，罗长浩便得依旨处决，人头落地。与此同时，属员汪大镛，已经被宽释，赶补直隶。严长明觉得既然属员的罪行已经被宽恕且得官，上司岂有处以极刑的道理。事出紧急，这才棋行险招，带着写好的宽限文书，面见刘统勋，求其画押。知道事情的原委后，刘统勋义而许之。严长明得到了刘统勋的首肯后，与诸公联名奏明皇上，罗长浩得以出狱。

等到严长明走了，同考官朱筠大为不解。当时严长明只是举人，还不是进士。在朱筠看来，严长明不赶快给自己考取一个功名，反而在治吏之事上浪费时间，实在不是明智之举。但是，刘统勋却不这么看，他正色道："士亦视有益于世否耳。即试成进士，何足贵。"由此可见，在刘统勋心目中，士有所为当有益于世，而不能只求自己的功名利禄。他这么期望于后辈，也这么严格要求自己，处处以国事公事为要。他的冠绝机敏、刚直忠谏、知人善任与两袖清风，为朝野上下所公认，也使他一步步成为乾隆皇帝最为倚重的股肱之臣。

第五节 朝之股肱，决疑定计

一、遭贬随军心坦然

俗话说"伴君如伴虎"，恩威并施是古代君王惯用的驭下之术。极度荣宠的背后，往往伴随着莫大的风险。清朝历史上，一些重臣，生前荣耀，直至善终的并不多。仕途上，几经沉浮则是常态。而刘统勋是乾隆朝唯一一个不曾下狱的重臣。不过，这并不意味着刘统勋为官一片坦途。

刘统勋一生有三次挫折。第一次在乾隆十七年（1752），他因未能及时发现通州三仓米数短少，而被革职，但仍被从宽留任。第二次在乾隆二十年（1755），当时，刘统勋为陕甘总督，他发现四川省提供给甘肃军的银子发青，便详加检验，最终发现，所提供的银子折算下来，短缺2118两。这次，刘统勋官衔被降一级，但是仍然被从宽留任。这两次挫折，都与刘统勋不查有关，因其负有连带责任，而遭惩罚。但是，这两次乾隆只是施以小惩，均从宽处理。而刘统勋所遭遇的第三次挫折，性质却有点变化。

这一次，正值乾隆用兵准噶尔。乾隆晚年自诩为"十全老人"，指的是他当政时期在边疆建立的十大武功。乾隆二十年（1755），乾隆平准噶尔便是其中之一，收复新疆也的确是乾隆流芳百世之功勋。此时，将军永常自穆垒（今新疆木垒哈萨克自治县）退回巴里坤（今新疆巴里坤哈萨克自治县）。刘统勋因附议将军永常所提议的放弃巴里坤，退守哈密，拒绝归附的诺尔布琳沁而引得乾隆勃然大怒。

对于正值英年，喜好军功的乾隆皇帝而言，"放弃""退守"的言论无异于乖张谬论。更何况，巴里坤和穆垒位于北疆东部，乃清军与准噶尔对峙的前线阵地。因此，当刘统勋奏本递上来时，乾隆皇帝立即治其"殆乱军令""惑乱军心"之罪，下令革刘统勋、刘墉父子职位，将二子刘墉、刘堪逮至刑部大狱，查抄全部家产充军需，也一度想把刘统勋押解来京治罪。但是，冷静下来后，乾隆又给了他一个戴罪立功的机会。

在他看来，刘统勋所言实在是"逗挠军机，摇惑舆情"，即便立即处置，也不为过。但是，念及刘统勋所负责的只是粮草军马驼匹，军队行止，本来是将军的事情，假若刘统勋是模棱两可之人，保持沉默，便可自全，不致获罪。所以，刘统勋的言论虽然怪谬，但是他一片为公之心尚可原谅。更何况将军永常尚不被认为是败降将领，又怎么能怪罪于一个懦弱的书生呢？念及刘统勋素日勤奋，乾隆决定给予他一线生机，从宽免治其罪，发往军营，令其在司员内，办理军需，效力赎罪。同时，释放二子，特恩准刘墉仍在编修上行走。

不过，乾隆此时还拿不准刘统勋的心思，因此，在谕旨里面，又加了一句"倘伊以为士可杀而不可辱，欲来京甘受典刑，亦惟其所自处"。其实，乾隆多虑了。以国事为重的刘统勋又怎会在意这点"辱没"呢？

以"宠辱不惊"形容刘统勋可能并不为过。他本就是谏臣，直言进谏，尽职尽责是他的本分。收到谕旨后，刘统勋安心于政事，继续在平定准噶尔的公务上兢兢业业。终于"五年大功成，释罪重从政"。

纵观刘统勋的一生，这一个跟头，栽得似乎有点重。但是，若换了旁人，此等罪责之下，或许早已命丧黄泉，至少罪不容赦。而刘统勋此番却得以留军赎罪，刘墉也仍任翰林编修。这其中自然有刘统勋负责监督粮草，前方战线不可轻易换员之故，但是，若非刘统勋素日秉公清正，言谈举止谨慎，断无被宽恕的可能。刘统勋的谨慎和淡泊从他撰写的几副对联可见一斑："退一步想，留几分心""惜食惜衣，非为惜财只惜福；求名求利，但须求己莫求人"。连乾隆也十分欣赏他的淡泊豁达，赞其"赏罚寓经权，顺应自取听"。或许正是刘统勋这种安乐知命的处世态度，让乾隆在以后的日子中，对其全心信任，倚重有加。

二、金川战决疑定计

乾隆三十八年（1773）六月，乾隆皇帝行居热河，首席军机大臣刘统勋留京办事。这一日，刘统勋按照往常惯例，到上书房检视诸位皇子的功课。未料，廷寄突至，皇上令刘统勋在一日半内疾驰赶往热河。

廷寄是清代皇帝授命内廷寄发的一种谕旨，比明发上谕保密性更强，传递速度也更快。清代兵略、政事等机要紧急事务，多采用廷寄。此时，清朝最要紧的事情当属出师大小金川，莫非是前线军情有变？容不得多想，刘统勋连忙跑到澄怀园，要了轿子，就往宫外赶。

等他赶到热河时，已经过了晌午。顾不得让刘统勋歇息片刻，乾隆立召刘统勋议事。事情果然出在边疆战事上。乾隆神情严肃地告诉刘统勋："昨天到的军报，奏木果木已失，温福战死，朕现在满心烦闷，主意不定，继续用兵，还是就此撤兵？"

难怪乾隆如此犹豫不定。自乾隆三十六年（1771）决定第二次征大小金川起，战事僵持已有两年。在用兵之前，刘统勋便曾劝过乾隆皇帝，以政治手腕安抚大小金川，不要贸然用兵。但是，乾隆自信满满，并没有采纳刘统勋的意见，仍然坚持以武力使大小金川臣服。为什么定要用兵，这还要从土司制度以及大小金川的历史说起。

土司源于元朝，是封授给西北、西南少数民族首领的一种官职。与内地所设立的州县官采用选用制相比，土司享有世袭特权。元朝设立土司制度的初衷，是"以土官治土民"，但是由此产生的弊端很多，土司经常不服从中央管理，骚扰与属地接壤的汉民，而且各个土司之间还不断发生战争。到了清朝雍正时期，经云贵总督鄂尔泰建议，西南边疆掀起"改土归流"热潮，即取消土司世袭制度，设府、厅、州、县，改派有一定任期的流官进行管理。但是，此项政策只在云南和贵州取得较大成效，在四川影响甚微，只在与云、贵接壤的少数民族地区实施。而大小金川所处的川西地区，仍然由土司治理。因此，至乾隆时期，大小金川土司在当地的权力日盛。

其实大金川土司本是由小金川土司家系中分化而来，但是二者之间矛盾不断。乾隆十一年（1746），大金川土司莎罗奔不仅不受清廷四川总督和巡抚管束，而且想助女儿欺凌女婿小金川土司泽旺，夺取泽旺印信，"意欲并吞诸蕃"。第二年，莎罗奔又攻明正土司（今四川省甘孜藏族自治州康定市）等地，并极力抵制清朝所派出的镇压军。大小金川虽然只是偏僻弹丸之地，但是据密报，这里极有可能是反清复明的策源地，加之其屡次挑衅，便引起了清廷的重视。乾隆最终决定征伐大金川，一举平叛。首次征伐的历程几多波折，屡次失利。乾隆最终起用了已被罢黜还籍的名将岳钟琪。说起岳钟琪，他与莎罗奔不仅是故交，还曾有恩于莎罗奔。康熙六十一年（1722），莎罗奔曾从岳钟琪用兵于川西北羊峒藏族地区，雍正元年（1723），又是岳钟琪奏请雍正帝授予莎罗奔"金川安抚司"印信，所以，当听说是岳钟琪军攻入时，莎罗奔没有继续抵抗，而选择了归降。

但是，矛盾仍然存在，时隔不久，乾隆三十六年（1771），大金川土司莎罗奔侄孙索诺木联合小金川土司泽旺之子僧格桑再次发动反清斗争。鉴于上一次平定纳降政策的失败，这次，乾隆便没有理会刘统勋的建议，决定第二次出兵彻底扫荡残余势力。

然而，第一次征伐大金川的战役最终以莎罗奔归降而草草宣告胜利，并非清军在军事上占有绝对优势。如今大小金川联合起来，实力不容小觑。而且其道路崎岖，山林密布，易守难攻。

虽然清军于乾隆三十七年（1772）攻占小金川，使僧格桑奔大金川，取得了初步的胜利，但是，次年春，温福大军行至功噶尔拉时，便遇到了坚决抵抗，只能取道攻昔岭，驻军木果木，同时令提督董天弼分军屯底木达。这两地均属小金川地界。大金川土司索诺木唆使小金川已降诸番，趁温福大军不备，先攻底木达，杀死董天弼，再夺粮草，潜袭木果木，最终温福中枪而亡，小金川全线失守，三路大军仅余阿桂一路。

此番前线损失惨重，主将温福战死，不禁让乾隆顿时失了信心，乱了方寸，或许还有点悔不当初。他恍惚烦闷，进退维谷，进无良计，退不甘心。此时，倒是刘统勋镇定冷静，他一改之前反对出兵的提议，斩钉截铁地说："目前尚可以撤兵，但是现在断不可撤。"其实，这是一个很简单的道理。征伐前用安抚手段，那是君对臣的恩典。但是，吃了败仗再撤兵，则是君对臣示弱，如此这般，将天子威仪置于何处？所以，败仗之下，已别无选择。若要彻底解决，只能举全国之力，赢得这场战争。这句话算是给乾隆吃了一颗定心丸。乾隆又问："谁堪重任？"刘统勋又回说："臣料阿桂必能成事，请授他重任。"乾隆思考良久，终于下定决心，因留京事重，便让刘统勋当日回了京城。

此后，乾隆封阿桂为定西将军，增兵征伐，十月，便重新攻占美诺。在乾隆的谕令下，阿桂等人平小金川后，立即征伐大金川。大金川防守更为森严，坚持斗争两年之久。最终，在乾隆四十一年（1776）正月，阿桂率军攻破索诺木最后的堡垒噶尔崖，索诺木出降。至此，耗时五年，投入60万兵力，牺牲万余将士性命，耗费白银7000万两，相当于一年财政收入的大小金川战役终于画上了句号。此后清朝在这一地区废除土司制，改置州县。

乾隆平定大小金川之役所付出的代价远远超过其他任何一次。但是，从历史角度来看，此次平大小金川之役，有效维护了多民族国家的统一，基本划定了今日中国的西南边界。因此，对乾隆而言，没有刘统勋，便没有"十全武功"。

三、阻乾隆罢汉官

倘若没有狄仁杰，或许武则天最终不会传位给自己的亲生儿子，那么李氏天下的历史就要改写了。倘若没有刘统勋，或许乾隆朝将罢尽汉官，那么汉族老百姓遭受荼毒者或许将不计其数。这绝不是危言耸听，事情的原委还要从乾隆说起。

那时，西部边疆刚刚平定。连年征战，内陆财力已经捉襟见肘。户部如实上奏乾隆皇帝，天下州县府库多数空虚。这让乾隆帝龙颜大怒，想要尽数罢免那些不称职的州县官员，改用笔帖式官。

说起来，这些州县官员中或许确有玩忽职守之人，但是其中大部分应该也属冤枉。俗话说"牵一发而动全身"，乾隆在西北平准噶尔，内地肯定需要全力配合。可怜这些州县官，明明已经为支持皇帝平定边疆，为巩固祖国统一，而使出了浑身解数，即便没有功劳，也有苦劳，即便连苦劳也没有，也不至有罪。但是，乾隆皇帝一纸罢免谕令，便结束了他们的仕途。

再来看看乾隆心目中颇有分量的笔帖式官是个什么官。追根溯源，明朝末年，满族为了对外交流和自身发展，而使用满汉两种文字书写一些重要的公文，由此，便需要懂得满汉两种文字的翻译人员。笔帖式，又作"笔帖黑"，指的是清代官府中低级文书官员，主要负有抄写、翻译满汉文的职责。《清史稿》记载了笔帖式对于满人入仕的重要性："满人入仕，或以科目，或以任子，或以捐纳、议叙，亦同汉人。其独异者，惟笔帖式。京师各部、院，盛京五部，外省将军、都统、副都统各署，俱设笔帖式额缺，其名目有翻译、缮本、贴写。其阶级自七品至九品。"笔帖式因升迁速度较快，而被称为"八旗出身之路"。许多宰辅由笔帖式起家，如达海、额尔德尼、索尼、松筠等。

倘若改由笔帖式担任州县官之职，且不说一个负责抄写、翻译的文书，是否能担当此任，仅从其出身而言，虽然也有汉族人做笔帖式，但是满、蒙两族笔帖式占绝对优势。在满族统治之下，满汉矛盾始终存在。而州县乃清朝最基层，若此番官场大换血，无异于震动整个清朝统治的根基。

但是，乾隆想的是整顿吏治，而未思虑更深。不过，他也知道万一动了真格，便不是小事，所以也没有冒进。或许是出于寻找支持者的想法，也或许是为了打消自己的念头，他特意招来最信任的大臣刘统勋问话："这件事，朕已经考虑三天了，你意下如何？"乾隆皇帝的想法自然吓了刘统勋一跳。他心中动容，但因他本就是持重之人，而且素日又了解乾隆皇帝的性情，此时尚未想好如何劝说，便一时间沉默不语。见刘统勋不表态，乾隆脸色一变，厉声诘责。龙颜震怒之下，只听刘统勋不卑不亢地回答："圣上聪思尚且用了三日，老臣昏庸，诚然不敢即刻回应。请容许老臣回去深思熟虑一番。"这一番话说得合情合理，让人听了不禁赞叹刘统勋的高情商：一方面给足了乾隆皇帝面子，另一方面又给自己争取了思考的时间。这或许是刘统勋一时之间，委实不知如何妥善应对而使出的缓兵之计，也可能是他心中已有盘算，而给乾隆帝留下的一个台阶。

第二天，刘统勋觐见乾隆皇帝，只说了一句话："州县官是用来治理百姓的，应当由那些真正为百姓利益着想的人去当。"话未说完，乾隆便和颜悦色地说："你说得对！"这样一件牵扯清朝基业，似乎箭在弦上的大事，仅一日工夫，便被刘统勋化为无形。

回想前一日君臣之间的你来我往，不禁让人为刘统勋捏了一把汗。当时，眼见乾隆皇帝逼问刘统勋意见不成，马上要爆发雷霆之怒，众同僚皆心中打鼓，如坐针毡。朝堂之上，唯有刘统勋淡然自若。这份定力非常人所能及。

回想君臣第二日的对话，也颇值得玩味。想来头一夜，是乾隆与刘统勋一个内心辗转反侧的夜晚。于乾隆而言，刘统勋的不表态，其实恰恰也是表态。聪明如他，怎会不知刘统勋的沉默代表了否定，所以在第二天刘统勋进言时，乾隆必然已有了心理准备。于刘统勋而言，这更是一个思虑操劳甚至失眠的夜。他知道乾隆只是一时负气，但又万不可在大庭广众之下，拂天子逆鳞。否则只能适得其反。经过这样一个缓冲，才有了第二日的云淡风轻。刘统勋给了乾隆一个台阶，乾隆便顺着台阶而下，从而避免了一场官场风暴。这里面，有刘统勋的足智多谋，也有乾隆的反躬自省，有刘统勋秉公直言的风骨，也有君对臣的信任。

四、乾隆悲丧股肱

乾隆三十四年（1769），刘统勋七十大寿时，获乾隆皇帝亲笔御赐"赞元介景"四字匾额。一时之间，刘统勋感到无上荣耀。俗话说"人生七十古来稀"，在古代，70岁着实是高寿了。大部分的老人此时已经安享晚年，享受着儿女绕膝的天伦之乐。但是，大学士刘统勋仍然在岗位上兢兢业业。他为皇帝所倚重，为朝臣所信服，庞涉军机处、刑部、工部、吏部、四库馆等机构，但凡遇上要事，必躬行实践。正如刘统勋的弟子朱珪所赞，刘统勋一生"正色立朝，一心格主，天下倚之为泰山，天子腽之为心膂。赞刑赏，秉钧枢，宣一人之德，端士大夫之趋"。又如乾隆所赞："统勋练达端方，秉公持正，朝臣罕有其比，故凡谳大狱，督大工，悉命往莅事，无勿治者。"乾隆更是发出了"汉大学士之足资倚任者，张廷玉而后，有刘统勋"的感慨。只是，再硬朗的身子骨，也经不住日日夜夜操劳。四年以后，乾隆三十八年（1773）时，为清朝操劳一生的刘统勋终于永远地倒下了。

这一年十一月，刘统勋像往常一样，漏夜赶往紫禁城，准备上朝。但是，轿子行到东华门外，突然一斜。轿夫心知不好，掀开帘子一看，刘统勋已经闭上了眼睛，身子歪倒在轿子中。消息传到宫中，乾隆大惊，急忙命尚书福隆安火速前往送药，但已回天乏力。

证实了刘统勋的死讯，乾隆悲从中来，停止朝议，顾不上礼制，即刻便亲自到刘统勋在东直门附近的府邸祭奠。据刘统勋的孙子刘镮之回忆："按照定例，若皇帝亲自到官员府中祭奠，需提前通知其家人做准备。皇帝来的那天，需要将尸柩置于北面，其子孙则着吉服出迎。"也有人说，还需要描绘一幅死者的跪像，由主丧者捧着，迎在门外。"但是，爷爷去世的时候，皇帝即刻便命摆驾，当时伯父刘墉尚在陕西做巡抚，家里只有我一个人。我年纪尚幼，不熟悉定例，诸事没有准备，便听闻传呼接驾，于是仓皇着丧服出门迎驾，出门时皇帝已经到了门口。"

乾隆匆匆赶来，看刘统勋最后一眼，没想到，刘府门楣低窄，车子竟然无法进入，只能掀掉舆盖，方得以入府。见刘府清贫的现状，想起刘统勋平素的两袖清风，乾隆心中更为悲恸，进了大门，便一直哭泣。按定制，皇上哭泣，随侍之人必须一同哭泣。何况，刘统勋素日为人所敬重。一时间，门内哭声震地。场面之悲壮令人不忍听闻，亦令后世唏嘘不已。过了一会儿，在诸位大臣的劝说之下，乾隆方才起驾。刘镮之还记得乾隆皇帝临出门时的叮嘱。"听闻传呼送驾，我赶紧匍匐在地。皇上的车驾已经要出门，看到我后又问道：'是刘爱卿的孙子吗？这么一个孩子怎么能办大事。快叫刘墉！'"

说完这些，乾隆回到辇上，仍然一路痛哭流涕，到乾清门时，动容地对军机大臣说："朕失一股肱矣。"他又说："刘统勋真不愧是真宰相。"为了厚葬刘统勋，乾隆紧锣密鼓地为刘统勋安排后事。首先，下谕旨，加恩晋升太傅，入贤良祠。赏内库银2000两，用以经办丧事。刘统勋任期之间的革职、降级等案件，一概官复原职。令其子刘墉火速赶回京城治丧守制。其次，赐谥号"文正"。谥号是对一个官员的盖棺定论，在清朝，一般由礼部先根据其生前事迹与品德，拟一个中肯的称号，再由皇帝核定。但是，"文正"是最高级别的人臣谥号，并不在礼部拟定的权力范围之内，而是由皇帝直接赐予。如前文所述，清朝历史上只有八人荣获"文正"谥号。而乾隆朝获此殊荣的，唯有刘统勋，足见刘统勋在乾隆心中无可取代的地位。再次，下令在刘墉扶榇归里途中，沿途二十里之内的文武百官，都要到棺材前祭奠，同时，鉴于需要长途跋涉，特派人一路护送，务必保证刘统勋的灵柩稳妥回乡。乾隆一朝，唯有史贻直和刘统勋获此殊荣。最后,赏给刘墉及大学士舒赫德、于敏中各一部《古今图书集成》。此书是中国历史上最大的类书,弥足珍贵。乾隆原本便有奖赏刘统勋之意,未曾预料他猝然身故,故而恩赏给刘墉。

刘统勋带着两袖清风而去,他的廉洁、公正、直谏、宽然,深深地留在人们的心中。他去世之后,乾隆仍然对其念念不忘,在为心中的五阁老作《怀旧诗》时,评论刘统勋"遇事既神敏,秉性原刚劲。进者无私惑,退者安其位。得古大臣风,终身不失其正",并赞誉他为"百余年名臣第一"。

值得一提的是,刘氏子弟人才济济。诸多八世子弟,同朝为官,兄弟同心,共缔家风。仅从刘棨这一支脉而言,刘统勋的长兄刘缙炤,外号刘一板,曾经连续奋战三天三夜,亲临现场指挥抗洪抢险。三兄刘绶煨首开家族水利之学,说服总督重新疏浚几乎荒废的广利渠;四兄刘绖煜阻止上官疏凿曲折山路的构想;七弟刘维焯为了解决乡民粮食紧张的困境,特意开辟了几亩私田,即"丰余仓";八弟刘纯炜是刘氏家族中除刘统勋外另一位水利专家。刘纯炜与刘统勋关系密切,深受其影响,所主持的海塘工程在技术上与刘统勋的手法类似,连乾隆帝也妙赞他的水利工程。除了水利,刘纯炜在山西壶关知县和平湖知县任上也干得非常出色。他不仅对常平社仓使用的斗斛实施整齐划一,以杜绝胥吏搜刮民脂民膏,而且注重平匪患、安民心,深受百姓爱戴。

第三章
家教延绵，同守家风：九世刘墉

刘墉，字崇如，号石庵，是刘统勋的长子，也是妇孺皆知的"罗锅宰相"。其实，所谓的"罗锅"只不过是刘墉有点驼背。顾及朝廷颜面，清朝选官时对于人的身形、相貌等有严格的甄选标准。因此，所选官员多为仪表堂堂之人，而身有残疾之人，除非有过人的才华，否则很难进阶官场。但是，刘墉又被人称为"生来佝偻"。"佝偻"就是驼背，但应该远没有到有辱朝廷尊严的地步。据说，刘墉身高达一米九多。在低矮的房间里行走出入，怕是要受些限制，兴许

刘墉画像

就此养成了弯腰驼背的习惯。有意思的是,传闻乾隆还曾让刘墉以自身驼背为题赋诗,其诗自嘲兼揶揄地写道:"背驼负乾坤,腹内满经纶。一眼辨忠奸,单腿跃龙门。丹心扶社稷,涂脑报皇恩。以貌取人者,岂是圣贤人!"

  在刘统勋的严格要求下,刘墉的品行性格、工作作风、学识文采无一不深受其熏染。就连他的生平挚友纪昀、朱珪、王杰等,都是父亲钟爱的门生。他同样俭朴清正、刚劲端方,整肃吏治雷厉风行,在书法造诣上,更是青出于蓝而胜于蓝,乃清代帖学之冠。他的父亲刘统勋乃国之股肱,深为乾隆和众臣所倚重,而他不仅同为朝廷之栋梁,而且更是享誉民间,成为百姓口耳相传,堪比包拯的"刘青天"。

第一节　坚毅不拔，三任编修

刘墉出身于名门望族，自小在父亲的光环下长大。他一生跌宕起伏，三起三落，这不仅与他的自身性格际遇相关，也与他的父亲以及乾隆对他父子二人的感情息息相关。刘墉初入仕途，可谓红运当头，仅用三年，便升居正六品。但他又曾因为刘统勋的连带，以及自身监察不力的缘故二度入狱，出狱后，两次重回翰林院编修的位置。但是，在家门熏陶之下，在乾隆的有心栽培之下，刘墉在历练之中始终保持着坚毅的性格，终成一代名相。

乾隆六年（1741），年仅22岁的刘墉便中山东举人第五十四名。时隔十年，乾隆十六年（1751），他又一举考中进士，名列殿试二甲第二名，也就是全国的第五名。因为负有书法、文学的特长，与他的父亲一样，刘墉仕途的起点，也是翰林院庶吉士。不过，比刘统勋更为幸运的是，刘墉的升迁之路则要快得多。

原本按照规定，庶吉士要任满三年，才能经过考试后出为散馆。考核优异的可以继续留任翰林，授编修或检讨，正式成为翰林，称"留馆"。其他则被派往六部或者各地方任主事、御史等官。但是，也有特例，假若遇到恩科，庶吉士可以提前出为散馆。恩科指的是在寻常例试外，逢朝廷庆典时，特别开科的考试。整个清朝一共仅有五次恩科，乾隆朝则有三次。而乾隆朝的第一次恩科，便让刘墉遇上了。乾隆十七年（1752），清廷举行恩科会试，刘墉借此东风，成为少数一年便完成学业的庶吉士之一。更令刘墉得意的是，在考核中，刘墉名列前茅，因此一留馆，他便被授予翰林院编修一职。时隔仅年余，他又被授予正六品的詹事府左春坊左中允一职。清代官衔从从九品到正一品，一共有十八级，而刘墉竟然仅用了三年的时间，便走完了寻常人九年的路，成了正六品。晋升之神速令旁人羡慕不已，也让他本人深为自豪。刘墉曾专门嘱咐他的门生英和，将来为他作传时，一定要记录上他"以贵公子而为名翰林"的事迹。

不过，没过多久，红运当头的刘墉，便受到了生平第一次打击。乾隆二十年（1755），因父亲刘统勋附和将军永常，被乾隆革职解京治罪，刘墉连带被革职交刑部。虽然乾隆后来心意转圜，命刘统勋戴罪立功，也释放了刘墉，但是，却没有给刘墉官复原职。于是，刘墉重回翰林院，二度任七品官编修。

不过，刘墉所遇到的挫折只是暂时的。刘氏一门以清廉闻名，因此乾隆对于刘墉一直寄予厚望，并悉心栽培。仅过了一年，乾隆便放刘墉担任广西乡试正考官，九月份又钦点其担任安徽学政。在为刘墉送行时，乾隆甚至出人意料地为刘墉赠诗，刘氏家族"海岱高门第"的美誉便来自这首诗：

> 海岱高门第，瀛洲新翰林。
>
> 尔堪拟东箭，其善拣南金。
>
> 河戒伐檀诮，薪勤芃棫心。
>
> 家声勉承继，莫负奖期深。

在诗中，乾隆用"海岱高门第"对诸城刘氏家族进行了高度的褒扬，从而将刘氏家族推上了国内一流大家族的位置，令整个刘氏家族为之自豪，刘墉本人更是特意雕刻了一枚"御赐海岱高门第"的印章。而"瀛洲新翰林"则指刘墉。"东箭"和"南金"均比喻"人杰"，"伐檀"则是"贪求"的意思。"芃棫"指的是生满柴草的地方。全诗言辞之恳切令人动容，此时的乾隆就像一位对后辈寄予深切厚望的长者，叮嘱着即将远行的

"御赐海岱高门第"印章

孩子，希望他能继承诸城刘氏的清廉家风，不辜负自己的期望。而刘墉恰是那马上振翅高飞、意气风发的少年。

乾隆的期许和赠诗，令刘墉感念在心。他随即恭和一首"恭和御制示安徽学政刘墉元韵"，表达自己报效皇恩的决心：

久沐恩如海，新知士有林。

天章荣捧璧，雅化念追金。

勖以功袤业，殷然陶铸心。

庚歌惭里拙，濡翰颂高深。

他如是想，也如是做。在安徽学政的位置上，刘墉干得十分出色。3年后，他便被乾隆调往江苏担任学政，后来又任太原府知府。因任内"风裁峻整，习掌故，达政体，于吏事以勤慎著称"，他又被擢升为正四品冀宁道台。

但是，乾隆三十一年（1766），刘墉再次跌落人生低谷，还差点掉了脑袋。最后因乾隆网开一面，才从轻发落。他被发配蒙古军台效力，蒙恩释放，回到京城后，官衔再次回到15年前的起点——编修。

这一年，刘墉还在太原府知府任上。在这个后来被乾隆感叹为"吏治向来不堪"的地方，刘墉到处受到掣肘。作为地方最高长官，山西巡抚和其衷乃山西首贪。为了进京打点关系，和其衷向刘墉的下属阳曲县令段成功索贿。而段成功为了巴结和其衷，不惜亏空国库。段成功升任府同知之后，和其衷竟然要求刘墉分摊属县加以弥补。这已然触犯了刘墉的底线，他不允许自己沉沦其中，但是又无力扭转这股歪风邪气。身为太原府知府，地方要政必须待巡抚拍板，方能推行。此时的刘墉，还不是后来当左都御史时那样疾恶如仇，或许是抱有一丝侥幸心理，或许是不想得罪同僚，总之，刘墉采取了睁一只眼闭一只眼的策略，既不与和、段二人同流合污，又没有揭发弹劾段成功。

但是，随着段成功在江苏贪污被人告发，段成功亏空国库的事情最终败露，连带着段成功的上司刘墉也被审查。消息一传到京城，乾隆极为震惊，特意嘱咐定案之人，绝不能因为刘墉之父刘统勋位高权重且监管刑部，而法外容情，必须仔细查证，一旦发现刘墉与段成功之间有馈送情事，决不姑息。所幸，刘墉与段成功之间并无金钱纠葛，但是他还是因为没有检举段成功，有失"巡历县治，察盘仓库"等职责，而被部议，拟斩首。了解了刘墉的清白，乾隆这才网开一面，将他发往蒙古军台戴罪效力。

他在蒙古军台的日子，是孤寂的。尤其是当远方亲人朋友一起欢度春节时，刘墉只能在这偏远荒凉之地，孤零零地一个人守岁。因军台一个月没有南下的队伍，刘墉都没有机会给家人寄一封信。寂寞锁心头，思乡情更重。唯有瑛梦禅等人派人到军台馈送过食物，才给他带去了些许温暖。

不过，乾隆没有让刘墉在蒙古军台太久，第二年五月，便让刘墉回到了京城，先后命其在修书处和国史馆行走。不过，官衔仍是编修。17个月之后，在乾隆的特别关照之下，刘墉从七品编修直接担任从四品江宁知府。

乾隆下谕解释了重新起用刘墉的原因。一来，大学士刘统勋年届七旬，只刘墉这一个儿子；二来当时同时获罪的，刘墉的上司文绶，已经重新录用。因此，对于刘墉，乾隆特加恩以知府用。不得不说，乾隆的这次安排不仅具有人情味,而且极具政治智慧。虽然直接擢升刘墉为从四品,越级太快,但是从刘墉的阅历来看,他曾经做到正四品冀宁道台,因此,这次给他一个从四品,并不算超规格的恩赏。而从刘墉在安徽、江苏学政的业绩和两次入狱的经历来看,刘墉行事得体,颇具风范,亦心性坚韧,意志顽强。

在刘墉赴任前夕,乾隆还亲自赐宴,并邀大学士尹继善作陪,不仅规格高,而且用意颇深。刘墉所要去的地方江宁(今南京),乃两江总督驻地。而尹继善曾经做过多年两江总督,自然深知江宁。在这场君臣欢送宴会上,尹继善是否叮嘱过刘墉什么,不得而知。但是,这一安排足见乾隆对于刘墉的期望之高。

刘墉没有辜负乾隆的期望,正是在江宁知府任上,刘墉为刘氏家族赢得了全国的知名度,他本人更被赞誉为一个可以与包拯比肩的清官。仅一年之后,刘墉先后擢升江西盐驿道,以及正三品陕西按察使。乾隆四十一年(1776),刘墉被调回京,授内阁学士兼礼部侍郎,官至从二品,并在南书房行走,成为乾隆近臣。成为正二品之后,他历任江苏学政、湖南巡抚、左都御史、工部尚书、吏部尚书兼国子监祭酒。乾隆五十年(1785),他被授予协办大学士。不过,由于和珅的缘故,乾隆晚年对刘墉改变了看法,因而刘墉直到嘉庆二年(1797)才被授予体仁阁大学士。

第二节　整肃学风，选举人才

刘墉一生的政绩主要体现在文教、吏治与漕运三个方面，而文化教育事务既是他为政的起点，又贯穿始终。他曾三任学政，三次监管国子监，既管理过生员，又组织过科举考试。他多次担任经筵讲官，负责给皇帝上课，也曾任上书房总师傅，负责皇子皇孙的读书学习。他还担任了四库全书馆副总裁、三通馆总裁、会典馆总裁，以及礼部尚书。从图书文献整理，到主持祭奠先师孔子，都可见到他忙碌的身影。尤其是在安徽学政和江苏学政任上，成绩斐然。

一、拨乱反正，整肃学风

带着乾隆的深切期许，身负"海岱高门第"的荣耀，刘墉来到了安徽。刘墉身负家学渊源，其眼界和见识自然比普通人要高得多。上任不久，刘墉便敏锐地发现了当地文武生员和捐纳贡监的陋习，以及管理上的疏漏。

国子监是明清两代的最高学府，监生是国子监学生的简称。监生有几种来源，如举人做监生的，叫举监。由地方推荐的生员（秀才）做监生的，叫贡监，也叫贡生。凭借父辈做官而成监生的，叫荫监。所以，想要进入国子监，要么本人有真才实学，要么出身官宦，有家族荫蔽。但是，还有一种特例，就是例监，也称捐监。因国家有事，财用不足，特准许平民通过捐纳钱粟取得监生的身份。他们并非正途，不被人所看重，但是，却非常骄纵。

按照规定，这类人员由国子监的教官负责管教约束。在国子监内部，教员对于监生的监管往往通过两个方面，一为岁考，二为月课。但是，因为例监往往没有真才实学，又已经为政府捐了银子，做了经济上的贡献，在地方官员的默许之下，国子监实际上对他们既不岁考，又无月课。时间久了，这群人便成为特殊的人群。据刘墉观察，安徽江北凤、颍、泗三处"文武生员及捐纳贡监，倚恃气力，轻于犯法。又犯事之后，皆善脱逃，不就拘执等"。可见，他们仗着自己的特殊地位，不仅不服从国子监管教，在地方上还经常为非作歹，而地方官员因为没有实际的处罚权，对他们往往也是网开一面，只能责成教官加以约束。然而，地方官员和教官之间都心知这也只是一句虚话，对于捐纳贡监而言，毫无震慑力可言。

可以说，刘墉发现的这个问题，并非安徽特例，乃是一个全国普遍性的问题，这实际上涉及管理权的问题。刘墉不仅切中时弊，找准了问题的本质，而且提出了切实的解决办法。

在刘墉看来，因为捐纳贡监人数众多，又没有岁考和月课，教官们实在难以综合考核约束。但是，既然文武生员及捐纳贡监乃国子监的一员，教官们便负有管教的责任，所以也不能完全放手不管。鉴于地方州县在户婚田土方面更具有制约力，所以应该给予他们一定的管辖权。他继而提出，以后若捐纳贡监犯有小过错，由州县会同教官一起核办。而举报优劣方面的事情，只责成州县办理。

这一解决方案，有助于理顺州县与教官之间对于捐纳贡监的管理，不仅礼部十分赞成，乾隆也深以为然。他特此传谕安徽巡抚高晋，令他留心查访并告诫属员，遇到犯事的生员，必须严加惩治，决不能姑息养奸、贻害良善。

因为在安徽学政上政绩出色，仅过了三年，乾隆二十四年（1759），刘墉便被调任国内两个最重要的学政岗位之一——江苏学政。江苏人杰地灵，读书人多，随之而来的问题是僧多粥少，要中一个小小的秀才都很难。因此，江苏科举考试作弊情形严重，令乾隆十分头痛。他曾经狠批江苏作弊之风道："江苏地方童生应试，率皆彼此通融互考，甚且有一人冒考数处，或多作重卷数名，以为院试时售卖之地。"可见，在功名利禄的诱惑之下，许多读书人丧失了原则，为了科举中第绞尽脑汁，甚至铤而走险。整个江苏考风日下，书院、官场、考场互相渗透，蝇营狗苟，屡见不鲜。比如，时任扬州书院山长的蒋士铨就曾写长文，抱怨文风之坏：

> 书院为讲习学问的地方，所以讲明圣贤身心之学，忠于君上、惠泽百姓之道，为国家培养人才。今日同儒，即是日后的名臣。所以师与弟性情则脉脉相通，德业则孳孳相长，藏修游息，砥砺观摩，是何如气象也？

然而近日书院，先生都因贫困才作教师，聊且相安。学生众多，或见过或不曾见过，均不能识认，除了课卷评点，一无训勉。教师既无道学相关之心，弟子都各负揣摩自熟之见。听到前辈的哲理名言，都好像是自己已经知道已经能做到；研习程式文字，则自信能百发百中。却不知道骄傲是品德修养的大敌，自满是损害自我的端机。给予赞誉时就称颂你公正廉明，如果对之进行一些规劝，就会大骂你有眼无珠，形同瞎子。甚至于给予资助时，则欣然感激，如同冬天里骤得温暖；如以猪蹄相馈赠，便会感觉自己已无愧于翘楚二字。先生既然怀有不好意思之心思，弟子们又掌握着文章之外的权柄。双方互相蒙蔽相互交换，卑陋龌龊，这与菜贩子、牛经纪等用钱买东西，转眼即不相识者又有什么不同呢？

　　而且传递消息，抄录旧文，千方百计地相欺骗，视统考如同当差，看重膏火之资如同营利。如此作为，岂不惭愧？只希望诸位同学奋发向学，纯修道德，不再重蹈覆辙，不以市井之心对待师长，勿以愚昧之行对待己身。如此，就会意志清明，德器日重，大致不愧于士之为士，而先生也可于掌教二字不至于感到汗颜了。如果不知道做学问的根本所在，而只知专攻文字，则视自己等同于卑贱的匠艺，只不过是要求其技术可与人交换而获利而已。这怎么能行呢？

由此可见，这股歪风邪气已经蔓延至书院，不仅学生心浮气躁，连教员也安于表面上的和谐。怎一个"乱"字了得！

　　乾隆将希望寄托在刘墉身上，特意赠诗一首，希望他能"观风勖鉴衡"，即为朝廷观风和选才：

拜赐天章焕，观风勖鉴衡。

圣恩绵奕世，臣节眷平生。

衔感殷图报，抡才凛示程。

欣同多士庆，寿考毓为桢。

乾隆慧眼识珠，选择刘墉治理江苏痼疾，收到了奇效。本性耿直的刘墉到了江苏，采取了十分严厉的治理办法。诸联曾在《明斋小识》中回忆："昔刘石庵公视学江苏，严肃骏厉，人多畏惮。"甚至十年以后，刘墉再次按试扬州时，一些本想作弊蒙混过关的人，竟然因为忌惮刘墉的威名，根本不敢进入考场。

在江苏学政任期快结束时，刘墉又上奏了江苏士习官方情形折，直指当地士风。据他观察，国子监内有不少喜欢滋事、胆大妄为的人，而江苏府州县官对于这类生监颇有顾忌，处理时多有网开一面的情形，并不加以惩处。久而久之，这些行政长官畏首畏尾，不仅害怕刁民难以对付，又畏惧蛮横的生监不服从法律，还畏惧狡猾的胥吏与差役不服从官员管理。对于涉及生监的案子，他们既不肯及时审断，又不想明辨是非曲直。即便定罪以后，对应该革退的生监，也并不革退，实属疲玩无能，使得那些讼棍蠹吏狼狈为奸、互相包庇，百姓们便会逐步丧失对朝廷的信心。民心若失，后患无穷。当时吏治之恶劣，已不仅仅是目无学政，甚至有欺瞒督抚之心。

刘墉言辞犀利，看法深刻，不仅受到乾隆的重视，而且被赞誉为"实切中该省吏治恶习"。乾隆甚至拿刘墉的奏折，训诫两江总督尹继善、江苏巡抚陈宏谋，以及安徽的托庸，斥责他们一味看重上和下睦之风，往往遇事姑息，要求他们必须自督抚大吏开始做表率，痛除旧习、刻自淬厉。

可见，虽然只是担任学政职位，但是刘墉看问题的视角并不局限于学政事务一隅，而是通盘考虑、思虑深远，初显吏治才能，极擅长于乱象中抽丝剥茧。他没有辜负乾隆的期望，在观风上明察秋毫，而在选才上亦有所建树。

二、点拨出来的经学大家

传承其父刘统勋识才举才的优良基因，刘墉身为学政，更将选才作为分内之事。他一生叠掌文衡，取才无数。其中，焦循的被发现，刘墉功不可没。

焦循，字理堂，清代著名的经学家、数学家、戏曲理论家，博闻强识，于经史、历算、声韵、训诂之学均有涉猎，有"通儒"之美誉。其著作等身，代表作有《里堂学算记》《易章句》《易通释》《孟子正义》《剧说》等。但是，他年轻时并没有学经，直到他17岁应童子试时，遇上了刘墉。

这一年，恰逢刘墉第二次任江苏学政做扬州主考官。复试时，刘墉在一份卷子里，发现了一个生僻词"韫麑"，当下觉得很新奇，便命手下人金教授传询使用这个词的人是谁。焦循站了出来，"是我！"金教授便命他在一边候着。过了不久，刘墉出来，焦循赶紧上前跪拜。见焦循衣着朴素，刘墉不由得心生喜爱，询问道："'韫麑'二字出自哪里？"焦循对曰："出自《文薮·桃花赋》。"然后，他为刘墉细细讲解了其中的意义。刘墉一边点头，一边暗自赞叹这个年轻人可堪造就，进而询问他："可曾读经？"焦循却摇摇头说没有。这可让刘墉着了急。他告诫焦循："年轻人不学经是不行的，你得把学赋的这股子劲头用在学经上。"接着又嘱咐金教授："这孩子还算识字，今后就托付给你了，当细细教诲。"当得知焦循住得比较远，刘墉还特意命人拿着灯送他回去。第二天，考生集体参拜刘墉时，刘墉再一次叮嘱焦循，识字而不学经，是无法成生员的，必须赶紧努力学经。

刘墉如此重视经学教育，与乾隆的点拨是分不开的。在刘墉第二次赴任江苏学政前夕，乾隆曾赐诗"江苏学政刘墉"，提醒他在学政任上应首先突出"经"的地位，然后才能关注"子""史"：

皖歙嘉能职，吴淞俾董繁。

先经后子史，多行寡文言。

可作化裁法，毋孤简用恩。

繄予勤实政，藻颂不须烦。

其对刘墉的期望之情溢于言表。而刘墉也不负乾隆所寄予的厚望，循循善诱一个少年，造就了一代经学大师。

回到家中，焦循细细思量，觉得刘墉的话非常有道理，自此开始一心一意地学习经学，终成一代名儒。这段往事，焦循一直感念在心，当听到刘墉去世的消息时，"北面蒲伏而哭"，写下长篇《感大人赋》，回忆刘墉的教导之恩。其深深地感慨道："循之学经，实是刘公所教。"

第三节　帖学之冠，以砚会友

一、"浓墨宰相"书名天下

　　清朝的书坛上，流行着"浓墨宰相"和"淡墨探花"的说法。前者指的便是刘墉。"浓墨"指他书法用墨浓重，貌丰骨劲，意味深重，与喜欢用淡墨的探花郎王文治形成鲜明的对比；同时，又指他饱读诗书，满腹墨水。

　　俗话说："字如其人。"在古代，写一手漂亮的毛笔字极为重要。科举考试的试卷、呈给皇上的奏折，以及同僚之间往来的信件上，若没有一手好字，自己都觉颜面扫地。而练就一笔令人赏心悦目的书法、互相品评借鉴，更为一文人之雅事。

　　皇权之下，帝王的喜好往往影响一个时代书法的特点。在清朝，因康熙、乾隆各自推崇董其昌和赵孟頫，臣子和士人们便蜂拥学习董、赵，但又难以学到二人精髓，久而久之，只能写出千篇一律，犹如印刷体的馆阁

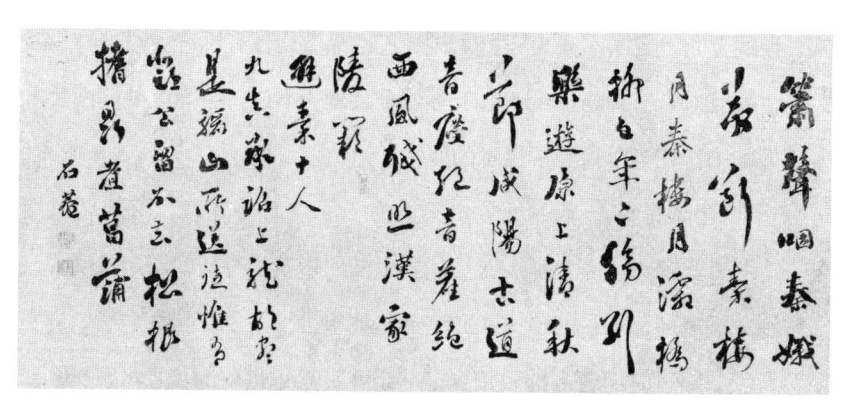

刘墉书法

体，失去了原有的艺术趣味。在馆阁体基础上求新，不断融入自身特色，便成为传统士人的惯法通则。

在清朝，刘墉与成亲王永瑆、翁方纲、铁保并称清代四大书法家。刘墉的翰墨风流，拙中藏姿，自成一家，具有独特的韵味。清代书法家包世臣在他的《艺舟双楫》中记载了刘墉和翁方纲的趣事。据说，翁方纲的女婿戈仙舟乃是刘墉的学生。有一天，戈仙舟拿着老师的一幅字去请教自己的岳父。翁方纲看后大加嘲笑，让戈仙舟去问刘墉，他的书法哪一笔是古人的。听到戈仙舟的转述后，刘墉哈哈大笑："我自成书尔。你去问问你的岳翁，他的书法哪一笔是自己的？"翁方纲竟无言以对。

相传刘墉老家诸城有一个叫臧启谟的名儒。他偏爱运笔灵动、笔画瘦劲的瘦金体，故而对刘墉浑厚的书法风格颇不以为然，认为其"肥而无神，柔而无力"。二人均颇为自负，各选出自己最得意的作品，请乾隆皇帝品鉴。而乾隆一向推崇刘墉的书法，品评臧启谟的书法"竖如枯枝，横似干蛇，浑然一体，枯枝挂干蛇"。臧启谟伤心之下，竟从此封笔。其实,世间万物,当以不齐为齐。尤其是艺术品鉴,各有标准,很难有一定之规。况且,第三人的评价,也未必就是真理。不过,这毕竟从侧面反映了刘墉的书法在当时得到了皇帝的厚爱。

后世对他的书法推崇备至,赞誉为"黄钟大吕之音,清庙明堂之器",许多著名的书法大家也深受刘墉书法的影响。与刘墉同时代的成亲王曾在刘墉晚年所书的《楷书头陀寺碑稿卷》上留下了一段跋,奉刘墉书法为师资。嘉道时期著名的政治家、书法鉴赏家包世臣的《艺舟双楫》和晚清时期重要的政治家、思想家、教育家康有为的《广艺舟双楫》乃清代最有名的两部书法论著。包世臣多次谈到刘墉的书法,认为"近世小真书以诸城(刘墉)为第一"。康有为则评价清朝有四家,"集帖学之成,刘石庵也"。窦镇的《国朝书画家笔录》也称刘墉"以书法重于时,浑厚雄劲,得钟太傅(繇)、颜鲁公神髓"。伊秉绶、何绍基等大家书法风格亦受到刘墉的影响。

刘墉书法艺术的独特风格与他的家学渊源分不开。按照刘墉爷爷刘棨定下的规矩,刘氏子弟六岁便要拜师学习。因此,刘墉自小就开始接触文字。据刘墉在《书法菁华》中言,其"自幼爱书",在其《学书偶成三十首》中的第三十首诗中谈及"总角"之年"弄笔狂"。总角为八九岁,可见这位书法大家在幼年时便已对书法产生了浓厚的兴趣。而刘墉的大伯父刘桢、二伯父刘果,以及父亲刘统勋都善于书法。"淡墨探花"王文治总结道:"刘文正师不多做书,然于书家境界甚深且备,今石庵前辈(即刘墉)书名冠海内,谛观之,皆自文正出也。"赵怀玉则说:"今世争重刘石庵先生书,不知其先文正公亦以书雄一代。石庵先生自松雪入手,文正则神似松雪,学固有自来也。"可见,刘统勋其实颇有书法造诣,只是书名为政名所掩,而刘墉的墨迹深受父亲的熏陶。受家风影响,刘墉本身也十分勤奋刻苦。清人梁章钜在《楹联三话》中记载,刘墉平日练习书法十分刻苦,每日不管政事多么繁忙,都要摹临古人法帖,从不偷懒懈怠。这才造就了一代书家。

二、与砚友纪昀的半世友情

古有伯牙、子期互为知音,清有刘墉、纪昀惺惺相惜。

作为刘统勋的门生,纪昀可谓刘府常客。因此,刘墉、纪昀二人很早便相识。刘墉比纪昀大四岁,两人不仅年纪相仿,而且均爱好诗书砚台,又同样诙谐幽默、廉洁刚正,可谓情趣相投。从相识到相继离世,两人交往长达57年之久。

纪昀、刘墉二人,一个文誉天下,一个书名当朝,各领风骚,又彼此欣赏,诗书互补。纪昀每每拟好对联文字,便登门拜访,求刘墉书写。刘墉也乐得与纪昀合作。纪昀在"都察院左都御史杏浦李公合葬墓志铭"中记载,李家原本只求刘墉为墓志铭写书,但因刘墉指定纪昀写文,方能亲书,于是,便有了二人合作的碑面。这种合作,在二人的交往中屡见不鲜。

作为砚台的收藏者,二人时常为了争夺一块砚台而互不相让,不过,过后均付之一笑,丝毫不影响二人的友谊。作为"砚友",二人更时不时互相赠送所藏,以砚传情。在纪昀担任左都御史后,刘墉特意从自己的藏品中,选了一块纪昀素日深为喜爱的黻文砚,作为恭贺的礼物,并题铭

"石理缜密石骨刚,赠都御史写奏章,此翁此砚真相当"。左都御史,既是言官,可风闻奏事,又可参与重案会审,权力不可谓不重,但要真正做到针砭时弊、匡扶正义却不容易,而且十分容易得罪同僚,惹祸上身。这一方砚台,一段砚铭,足见刘墉对纪昀人品和官品的肯定。纪昀深悟好友心意,以另一段"坚则坚,然不顽"的刻铭,回应和表明自己担任此职的信心,并请老朋友放心,"我自然能坚守自身,但也并非冥顽不灵"。此后,纪昀的好友蒋师籥、桂馥铭、尹秉绶,先后在这方黻文砚上题铭。可见,纪昀在不同的场合,多次赏玩这方砚台,足见他对黻文砚的珍视。而这方承载着刘墉和纪昀友情,刻有清朝五位名家题铭的黻文砚也因而身价倍增。此外,刘墉还至少赠予纪昀三块砚台,一方雍正年间大觉寺主持迦陵性音的砚台,一方刻有"鹤山"的宋砚,以及一方唐子西的砚台。

除了共同的爱好,二人又同是廉洁刚正之人。在和珅只手遮天的腐败官场中周旋,为了守住内心的底线,彼此更多了一份惺惺相惜之情。二人交往大半生,据纪昀自称,他们"论交均胶漆"。

第四节　刚方正直，俭朴清廉

一、与包拯比肩

纵观刘墉一生做官的轨迹，除去三起三落，重任编修的日子，刘墉实际上外放时日居多，直至乾隆四十七年（1782）63岁高龄时，才重新回到京城任职。比起父亲刘统勋，刘墉作为地方官，接触更多的是当地百姓。这可能也是刘墉之所以在民间比他的父亲更有知名度的原因。

乾隆二十七年（1762）出任太原府知府后，刘墉在很短的时间内，便集中处理完了前任太原知府遗留下来的四五十件难以审理的案件。又在三年之内，使原本空虚的太原府库充盈起来。这样一个勤政务实的父母官，受到当地官民交口称赞。《山西通志》评价他："丰裁峻整，习掌故，达政体，于吏事以勤慎著称。"

江宁知府则是刘墉在失察罪复出后的第一个职位，因而更为他所珍惜。在江宁知府任上的作为，使刘墉和刘氏家族清正之名广为传扬，妇孺皆知。甚至刘墉在世时，民间便编了《刘公案》，讲述他为民做主、平反冤狱、惩办贪官污吏的故事。在故事中，一个正义凛然、铁面无私，但又睿智幽默的刘墉形象跃然纸上。其中必然夹杂着弹词艺人的想象和夸张，但是这也从侧面印证了刘墉在短短一年的江宁知府任上的政声。

袁枚的《送刘石庵观察之江右》长诗描写了刘墉上任江宁知府一年多来的情景，其中几处诗句与《刘公案》所描绘的刘墉形象相符。比如，"初闻领丹阳，官吏齐缩脰"指的是刘墉初任江宁知府时，便令下属官吏谨言慎行，不敢做半点逾越纲纪之事。"光风吹一年，欢恋极老幼"则是说刘墉在任上政治清明，广受百姓爱戴。"先声将人夺，苦志将人救。抗上耸强肩，覆下纡缓袖"则与《刘公案》中的某些情节相契合：前一句描述了刘墉破案时的状态，赞扬他不辞辛苦，即便身处险境，也要为民申冤；后一句则记载了刘墉不畏强权、直言抗争的无畏品质。"奸豪既帖柔，狐鼠亦俯伏"说的是江宁豪绅中的奸佞之徒，以及地痞无赖均畏惧服帖，不敢作乱。"救灾如救焚，除弊如除垢"指的是刘墉心系百姓，做事雷厉风行。刘墉谢世后，礼亲王昭梿如此评价刘墉："少时知江宁府，颇以清介持躬，名播海内，妇人女子无不服其品谊，至以包孝肃比之。"

乾隆四十五年（1780）和乾隆四十八年（1783），刘墉出任湖南巡抚以及兼署直隶总督时，又将这股清正之气带到了湖南和直隶。据《湖南通志》记载，刘墉当任时"政简刑清，吏民畏服"。他除了抢险救灾、盘查仓库、勘修城垣、抚恤灾民、准许开采峒硝，还革除了坐省家人陋习，承值公家筵席陋习。在兼署直隶总督一个月的时间内，又查办了原任天津道后任闽浙总督陈继辉资产案、奏解偷窃通州谷仓要犯等案。

可以说，正是刘墉的勤勉敬业、甘于奉献的精神，不畏强权、刚正不阿的性格，尤其是心系百姓、情系民生的责任感，为他赢得了广泛的赞誉。

二、斗和珅智擒国泰

在父亲刘统勋之后，刘墉也做到了左都御史的职位。父子二人任同一官职，而且是左都御史这样以监察、弹劾为责任的要职，这在历史上并不多见，足见刘氏家风之廉正，以及父子二人的为人为乾隆皇帝所欣赏。但是，与其父刘统勋在世时乾隆前中期的吏治风气有所不同，乾隆晚期官场和社会风气日渐腐化。或许正是由于失去了刘统勋这样以正色立于朝的股肱之臣的劝谏与约束，乾隆晚年越发放松了对自己的要求，远没有年轻时恪守严正，反而极喜爱阿谀奉承之言，独宠和珅便是一例。相较而言，刘墉的性格在当时的官场上反而显得有点格格不入。不过，乾隆对刘墉仍很信任并悉心栽培，不然也不会在他担任正二品的湖南巡抚仅仅一年，便擢升其为从一品的左都御史。继承父亲遗风的刘墉，在查办山东巡抚国泰等贪污腐败的案子上，展现了过人的智慧。

这是一桩震惊朝野的贪污大案。乾隆四十七年（1782），御史钱沣弹劾山东巡抚国泰贪纵营私，导致所属州县府库多数亏空。国泰是谁？富察氏，满洲镶白旗人，四川总督文绶之子，乾隆皇妃的伯父，真正的皇亲国戚。

早在1781年二月，大学士阿桂、大将军福康安便曾联名上书弹劾国泰以向皇上纳贡的名义大肆敛财,以致下属几十个州县仓库亏空严重,并明确提出"国泰不宜久任山东",最好调到京师为官。但是,乾隆当时半信半疑,便传了山东布政使于易简问询。于易简是前任大学士于敏中的弟弟。按理说,布政使与巡抚虽然分属文武官员,但同属从二品官阶,都是封疆大吏,不该有高低之分,但是,偏偏这个于易简是个软骨头,见国泰权大势重、飞扬跋扈,便极尽谄媚、巴结逢迎,甚至抛弃为人为官之尊严,向国泰长跪禀事。二人狼狈为奸、蛇鼠一窝。当乾隆问询时,于易简非但没有照实俱奏,反而为国泰的贪婪行径遮掩,找的理由竟然是国泰只是对下属比较严厉,诸事认真,导致属员心有畏惧,多有怨言。乾隆竟然信以为真,只降旨训斥一番了事。但是,时隔不久,国泰再次被弹劾,便不得不引起乾隆的重视。

这一次,他直接委派户部尚书和珅、左都御史刘墉等为钦差大臣,令其立即前往山东,"秉公据实查办"亏空和索贿案情。但是,查办此案的重要人物和珅与国泰关系极为密切。一得到消息,和珅便赶紧派人秘密赶往山东通风报信,叮嘱国泰想办法把亏空补上。此时的和珅并没有将刘墉看作对手。他满以为凭借国泰父亲四川总督文绶是刘墉的老上级,刘墉就算不站在国泰一边,至少也不会做得很决绝。但是,刘墉是谁?是深受家风习染,素来清正廉洁、疾恶如仇、负有监察之职的左都御史啊。于是,在另一边,刘墉和钱沣二人,心知和珅必然泄密,便私下商量由钱沣先行一步,微服查拿和珅给国泰通风报信之人。而刘墉则与和珅同行,一路上不动声色,意图安抚。

一场暗战,在两路人马紧锣密鼓的筹备之下,渐渐展开。几位钦差大人，一路上浩浩荡荡，终于到了山东。钱沣这边虽然拿住了和珅的送信之人，但因为和珅早就想好了金蝉脱壳之计，竟然拿和珅没有办法。而知道国泰补上了亏空，和珅悬着的心便放松下来。但是，当着其他钦差大人的面，怎么也要走走过场。等到与刘墉等人一起到府库清点官帑时，和珅命令差役抽取核查了几十封银，发现数量和册籍所载均能一一对应，当下便宣布已经盘查完毕，根本没有亏空。这种情况，是刘墉和钱沣始料未及的。倘若就此罢休，不仅国泰逍遥法外，连御史钱沣也说不定会被定为诬告。

关键时刻，细心的刘墉看出了端倪。他发现，官帑数量虽然对，但是成色却有问题。按规定，所有官银一律五十两一锭，且成色十足、色泽明亮。但是，仓库里现存的银子却大小不一，成色也不正常，一看便知是市面上的杂色银，其中必然有诈。还是刘墉机敏，指点钱沣提议将仓库暂时封存。这一要求合情合理，和珅便同意了。封库之后，一行人便回去了。就在和珅和国泰以为万事大吉的时候，钱沣细心察访，顺着蛛丝马迹，终于掌握了国泰的伎俩。原来，国泰也觉得大事不妙，不过他一向胆大妄为，为了补缺，竟然想出借当地商人市银冒充官银的歪招，试图蒙混过关。

正所谓"你有张良计，我有过墙梯"。更何况和珅和国泰所使用的拙劣手段本就不入流。定了定心，刘墉、钱沣一商量，便决定将计就计。钱沣派人四处宣告：假若借银的商人不如实告知官府借款数额，并请求归还，那么，所有银两将充公。这个消息一散播，借银的商人们便坐不住了，以往看在巡抚的面子上，暂时借些银子倒也无妨，但是可从没说过要充公啊。如今都知道朝廷派来了钦差大人，眼看情况有变，绝不能让自己的辛苦钱打了水漂。于是第二天，和珅、刘墉等钦差在听闻府库官帑有问题，再次前去查验银子成色和数量时，商人们也到了。

他们纷纷禀告自己借给国泰银两的原因和数量，急不可耐地当即就领走了借银。一瞬间，原本泛着银光的府库，变得空空荡荡，无情地嘲讽着和珅和国泰的自以为是。拂去遮蔽的浮尘，国泰贪赃枉法、亏空帑银四万两的罪行彻底败露。眼见事情败露，和珅深知此时必须弃车保帅，以免惹火烧身，当即变脸，与刘墉、郎诺穆亲抓紧查审国泰贪纵不法案。

但是，国泰绝非省油的灯，即便在审案现场，依然气焰嚣张。他将一切归咎于御史钱沣身上，指着他大骂道："你是个什么东西？居然敢弹劾我？"就算钱沣见多识广，对于国泰的突然发作，也始料未及。但是，就在此时，只听"啪"的一声，惊堂木震天一响，刘墉大声呵道："御史奉诏治汝，汝敢詈天使耶？！"言下之意是，御史虽然品阶比你低，但他是代表天子而来，你敢辱骂天子之使，就相当于辱骂天子！其气宇之轩昂，气势之磅礴，言辞之犀利，令国泰当即噤若寒蝉。刘墉随即命人狠狠扇了国泰几个耳光，这下国泰再也不敢逞凶斗狠，彻底颓倒。刘墉的决然为审案的顺利开展奠定了基础，最终查实国泰贪污索贿总计八万两。

对于如何处置国泰，乾隆的内心其实是比较矛盾的。按理说，贪腐事实确凿，且数额巨大，为乾隆始料未及，如何严惩国泰都不为过。何况乾隆在派刘墉等人侦查此案期间，曾经前后五天连发四道圣旨，在百官面前表示要严肃查处国泰贪污案，绝不姑息。但是，他仍然询问刘墉如何惩处国泰，足见其心意摇摆不定。想来是皇妃枕边说情，以及了解乾隆性格的官员建议减轻处罚的附和言论起了些作用。此时，刘墉斩钉截铁地将在民间查访所获国泰罪证，呈交乾隆，建议严厉处置国泰。这才让乾隆下定决心，判国泰斩监候，秋后处决，押解于易简至京面审，革国泰、于易简等人官职。六月初，乾隆皇帝又勒令国泰、于易简二人于狱中自尽。

在这件事上，刘墉自始至终支持钱沣，他的态度对于案情最终水落石出起着至关重要的作用，也给了和珅一记响亮的耳光。正义的一方大获全胜，为乾隆晚期日渐腐朽的官场注入了一股清泉。刘墉这次办案也得到了乾隆的赏识。案子还没有办完，刘墉便被委派署理国子监，不久被授予工部尚书的职位，一年以后，又担任有"吏部天官"之称的吏部尚书。乾隆五十年（1785），他又被授予协办大学士。若没有乾隆五十一年（1786）厘正粮弊案的发生，没有得罪和珅利益集团，也许刘墉能够继续平步青云，早日荣登大学士之位。但是，若没有执拗和傲骨，刘墉也便不是刘墉了。

三、独斗百贪难厘粮弊

俗话说，"一言既出驷马难追"，普通人如此，天子更是一诺千金。想让天子收回成命，恐怕是痴人说梦。想让一生乾纲独断、说一不二的乾隆收回成命，更是难上加难。但是偏偏在乾隆五十一年（1786），有人做到了！这个人不是刘墉，而是和珅。所收回的旨意，恰恰是推翻刘墉原本的建议。事情还要从京城的粮价说起。

皇城根下，物价岂有不稳定的道理？然而，真实的情况是，粮价连年上涨，让京城的老百姓苦不堪言。原因何在？刘墉细心勘察，发现了其中的秘密。原来,这全拜外官所赐。按照规定,各省必须向朝廷上交粮食。但是,长途运输花费不菲,远超过粮食本身价格。因此,外省州府衙门便做起了"生意经":到了交粮的日子,估算好价格,命人直接带着银子,轻装简行,到京城买粮再上交,如此便可省下高昂的运费。一传十,十传百,各省官员纷纷效仿,京城的粮价便节节攀升。

原本,从全国各省调粮,是为了平衡全国市场,满足京城的特殊需要。但是,没想到,各省只图省力、省钱,全然不顾大局,反而搅得京城百姓日益生困。刘墉有心厘正粮弊,便奏请乾隆允许他派人到各地审查转运弊病。乾隆欣然应允。但是,消息一传出,京城和外省大大小小的官员可坐不住了。按理说,外省的官员诚惶诚恐本是应该,可为什么京城的官员也连带着心有戚戚?原来,表面上只是外省官员图省事、省钱,扰乱了市场秩序,但深究起来,有一个令人深思的问题,即节省出来的运费去哪里了?乾隆晚期的吏治已然十分腐败,省、州、县的官员极有可能借机中饱私囊。但是,这么庞大的款项,其断不敢独自私吞,必然用在到京城跑官等花销上。如此一来,外省官员之间、京城官员与外省官员之间,好似编织了一张无形的犯罪和保护网,彼此心生默契、盘根错节,好不逍遥。他们在惊觉刘墉想从外面撕破这张网时,纷纷跳到台前,上演了一场官官相护的闹剧。而这个闹剧的主角正是乾隆最宠信的贪官——和珅。

于是乎,在地方,众位配角大造舆论,说眼下正值荒年,朝廷派钦差出行乃是无端扰民;在中央,主角粉墨登场,借机向乾隆进谗言,恳请皇帝收回成命。和珅敢这么进言,实在是摸透了乾隆的心思。连当时的朝鲜冬至书状官李勉兢都明显看出:乾隆晚年疏于朝政,偏于柔顺,施恩多滥，罚必从轻。因施恩过滥而导致宠臣当道，因处罚过轻而滋生冒犯习气。文武百官嬉戏逸乐，法纲懈弛。唯有识之士深以为忧。不得不说，和珅对乾隆的心理状态拿捏得很准。这么一出闹剧，居然让乾隆信以为真，改变了原来的心意，收回了成命。乾隆的这一举动不仅是自打耳光，还令刘墉也陷入尴尬的境地，不仅让厘正粮弊、整顿吏治的计划失败，也相当于向百官宣布吏部尚书已失去了皇上的信任。

本来，刘墉敢"冒天下之大不韪"，已然成为贪官的公敌，但是，鉴于刘墉的身份，百官毕竟还有所顾忌。乾隆这次反复无常的举动，却使贪官利益集团的气焰更为嚣张，使为数不多的清官更加畏首畏尾，也令刘墉一步步改变了，至少是暂时隐藏了自己直来直去的性格。

据民间传说，刚刚受挫之后，刘墉依然三天一奏本，其劲奏赢得了"朝阳之凤"的美誉。在当时混浊的官场之中，明哲保身者居多，如刘墉这般不怕得罪人的性情着实令人钦佩，但也为刘墉树敌太多。缺少皇帝的支持，刘墉再清廉正己，也只能独善其身，想要力挽狂澜，肃清吏治，已经是不可能之事。而以和珅为首的贪官们越发厌恶、排挤、打压刘墉。受到这些奸臣的蛊惑，乾隆渐渐地对刘墉不耐烦起来。在清代著名诗人、散文家袁枚看来明明是"救灾如救焚，除弊如除垢""刚玉莫磷""清石可漱"的个性，在乾隆看起来，却是"素好执拗""每多议论，立异鸣高"。刘墉就这样被乾隆简单粗暴地定义为一个一惯喜欢唱反调、标新立异的人，进而屡遭斥责和降职。

乾隆五十二年（1787），刘墉因为泄露了他与乾隆帝评价其余大臣的谈话内容而受到训斥，并失去了原本应获授的大学士之职。同年八月，刘墉主持祭拜文庙,因没有按照礼仪行事被太常寺卿参劾,又受到乾隆呵斥。乾隆五十三年(1788),刘墉兼理国子监时,因御史祝德麟弹劾而受到处分。其实,祝德麟只是奏报在乡试预选考试中,有学生向监考老师送礼,并没有弹劾刘墉,反而赞誉他素来清介,令考生不敢有非分之想和举动。但是,刘墉仍然受到牵连,最严重的事情是上书房事件。

乾隆五十四年(1789)三月,78岁的乾隆皇帝兴冲冲地去翻阅皇子们的上课记录,这一翻可把他气坏了。因为在二月底至三月初,整整七天时间内,皇子们的上课记录竟然是零。他命人将诸位皇子和时任上书房总师傅的刘墉等相关大臣传来询问原因。原来,皇子们颇有些厌学情绪,有的因为连天阴雨便旷课,有的则抱怨去了却没有见到师傅。问到师傅们集体没有来的原因时,刘墉等推脱工作太忙。这令乾隆更为生气,在他看来,师傅们多数是内阁学士和翰林这样的清闲官职,不至于没有时间教导皇子。

盛怒之下,他不仅罢免了刘墉吏部尚书的职位,而且将他的协办大学士降到了侍郎衔,但仍命其任上书房总师傅,同时将他逐出南书房。这次处罚对刘墉的打击是相当大的,不仅他的官阶被打回到14年前的起点,而且他也相当于被乾隆皇帝逐出了近臣的圈子。但是,更令刘墉心寒的是乾隆专门下的一道谕旨。在谕旨中,乾隆几乎完全抹杀了刘墉本人的政绩,直言因为刘墉是大学士刘统勋之子,念及统勋为朝廷效力多年,才对刘墉加恩擢用,而刘墉只是在府道任上还算勤勉,从出任学政起便不再认真办事,在湖南巡抚任上也平庸寻常,被调到京城担任尚书时,办事更是一味模棱两可。如今发生了上书房师傅集体旷工达七日之久的事件,刘墉竟然置若罔闻。像他这样事事不能尽职,于国则为不忠,于父则为不孝,其过失甚大，实在不能宽恕。其言辞之犀利，语气之决绝，令人胆寒。刘墉就这样被乾隆定位为一个不忠不孝之人。

虽然仅半年以后，乾隆重新起用刘墉，将之升到左都御史，不出一个月，又擢升礼部尚书，最后又升至吏部尚书，但是，此时的刘墉终于看清了乾隆的心性，一改直谏的作风，完全收起了锋芒，变得更加谨言慎行起来。但是，这样一个只能"委蛇其间，惟以滑稽悦容其间"的刘墉，当乾隆准备禅位于嘉庆的关键时刻，一改隐忍不发的作风，挺身而出索大宝。

四、索大宝助嘉庆定乾坤

乾隆六十年九月初三（1795年10月15日），乾隆当着文武百官的面，开启了密封22年的镭匣，打开已然泛黄的上谕，宣布永琰为皇太子，改名颙琰，命他即日移居紫禁城内毓庆宫。随即，又宣布以明年为嘉庆元年，正月初一举行传位大典，颙琰为嘉庆帝，而自己则退位称太上皇，但仍自称"朕"。

其实早在这一年的正月初二，乾隆给皇子皇孙们派发红包时，已经暗示了日后将传位于永琰。那时，所有的皇子皇孙都得到了乾隆的红包，唯独永琰没有。而乾隆只是轻描淡写地说了一句话："你要银子何用？"内中含义不言自明。

但是，当乾隆的明旨真正到来的时候，众人仍然惊叹一口气：这大清朝的格局真是要变一变了。不过，在颙琰及诸位臣工推辞及挽留之下，乾隆明确表示自己虽然退位，但是仍然负责重要军国大事、官员任免以及每日训谕皇帝，只是一切寻常事件交由皇帝处理。这实际上暴露了乾隆一方面不想违背当初所立的不超越爷爷康熙皇帝执政61年的誓言，另一方面又不甘心退出政治舞台，仍想统揽大权的矛盾心理。连天子所居住的养心殿，乾隆也不想腾出来。但就是这种矛盾与任性，将他一直培养的颙琰置于了"儿皇帝"的尴尬位置。

想来，这三个月等待的日子对乾隆和日后的嘉庆而言，都是五味杂陈的。时间终于到了嘉庆元年正月初一（1796年2月9日）。中国历史上千年罕见的传位大典在紫禁城太和殿举行。37岁的皇太子颙琰立在西侧，侍卫近臣和文武百官，分立太和殿内外和广场上，连暹罗、安南、朝鲜等属国也派使臣前来朝贺。场面庄严而又壮观。万众瞩目之下，乾隆迈着稳健的步伐，登上了太和殿的宝座，就皇帝位，下一刻，便是宣读《传位诏书》和授赐大宝了。

大宝就是皇帝的玉玺，是皇帝颁布文告诏书的印信，代表着天子至高无上的权力，也是皇权正统的象征。所谓的"真命天子"必须拥有玉玺。乾隆据《周易太衍》"天数二十有五"的记载，希望清王朝也能传至二十五世，因此于乾隆十一年（1746），钦定了二十五方御用国宝。这二十五方宝玺各有所用，代表了皇帝行使国家最高权力的各个方面，其中最常用的一方乃"皇帝之宝"。这方玉玺当年由皇太极命人雕刻，属清朝开国遗物，堪称皇室的传家宝。

很快，眼前这一方方国宝将不再属于自己了，乾隆的内心波涛汹涌。接过大学士奉上的玉玺，久久端详之后，乾隆才毅然俯身授向跪在脚下的皇太子颙琰。礼毕，太上皇还宫，嘉庆帝即位，接受群臣朝贺。这载入史册的一幕，若非刘墉，恐怕便要改写了！

就在几个时辰前，负责去乾清宫取国玺的礼部官员，在乾隆那儿碰了一鼻子灰。当此关头，乾隆竟然任性地提出只传大位，不传大宝。消息一传出，太和殿内瞬间乱了。这可急坏了刘墉、纪晓岚等一班大学士。没有玉玺，嘉庆便成了伪君主。而被乾隆奴役惯了的满朝文武竟然准备就此接受。在这紧急关头，刘墉一声厉喝："古今安有无大宝之天子？"这才惊醒了麻木的众人，阻止了这场荒唐的闹剧。

刘墉随即进入养心殿，开门见山地说："皇上，历朝历代天子均有大宝在身，如今传禅却不传大宝，百官朝贺无名！"而乾隆则给自己找理由说："既然大事还是朕来操办，那还是放在朕这儿更方便。朕不放心江山社稷，等朕精力不济时，再传大宝就是。"刘墉眼看乾隆依然执拗，冒死力谏："陛下如果不想传位，谁也无法管您。但是，陛下如果传了位，却不传大宝，让天下人知道了，怎么看待您呢？"乾隆心里一惊，这才认识到问题的严重性，心有不甘地交出了大宝。

可以说，正是因为刘墉，这才有了前文所述"传授大宝"的一幕。颇有些失落的乾隆，当上太上皇仅一个月，便命人特制了"太上皇玺"。此为后话。

迫于无奈，交出玉玺的太上皇对前来逼自己的刘墉始终心存偏见。比如，嘉庆元年（1796）增补大学士时，刘墉资历深厚却没被选中。乾隆以嘉庆名义颁布上谕，批评刘墉不肯用心办事，命令他自省悔过。嘉庆二年（1797）授其体仁阁大学士时，乾隆仍然批评他行为懒散，若非实在无人，不可能将他擢升为大学士。不过，刘墉的正直与胆识却赢得了嘉庆的信任，成为他日后扳倒和珅，定嘉庆朝纲的倚重之臣。

五、助嘉庆法办和珅

嘉庆四年（1799）正月初三，88岁高龄的乾隆病逝于养心殿，走完了他的一生。"十全老人"如此高寿，方与世长辞，因此，举国上下都很平静，嘉庆也早有心理准备。就在乾隆去世的第二天，嘉庆便开始了铲除和珅的行动。除了急招帝师朱珪回京，京城之内，嘉庆第一个找的大臣，便是被他视为"定策国老"的刘墉。在和珅专权数十年中，刘墉是少数几个始终不曾依附的大臣之一。他知道以刘墉的人品、胆识和胸怀，堪当重任。

这一日，嘉庆和刘墉都等待了太久太久。其实君臣之间对于何时处理和珅，早已心有默契，那就是乾隆在世时绝不能动。作为"儿皇帝"，嘉庆的身份一直颇为尴尬，他处处被掣肘，面对当朝最大的贪官，乾隆心爱的宠臣和珅，也只能不动声色，行以圆融之术，以图麻痹。而刘墉晚年则在等待和期盼着，等待着新君真正临朝，期盼着朝纲重归正途。

乾隆去世后，嘉庆借口需要让和珅与福康安守值殡殿，趁机夺去了和珅军机大臣、九门提督等职务。而且规定和珅、福康安以及其他任何人，均不得自由出入，从而封锁了和珅的消息来源，不给他留下任何反击的可能。同时，嘉庆恢复了刘墉上书房总师傅一职。80岁高龄的刘墉入内当值，供嘉庆帝随时咨询，并专门负责处理和珅一案。

紧接着，嘉庆发布上谕，痛斥当下军中存在的肥私牟利、勒索地方等弊端，明确要求"各路带兵大小官员，均当洗心革面，力图振奋，务于春令前一律剿办完竣，绥靖地方。如果仍旧蹈袭欺骗掩饰、怠玩故辙，再超过此次定期，也只好按军律从事。言出法随，不要以为幼主可欺"。虽然没有明文训斥和珅，但是上谕中所指的各路带兵大小官员，明示包括京中的谙达、侍卫、章京等人，和珅九门提督任下所管辖的诸人，当然在此范畴。明眼人不难看出，嘉庆已有心办和珅。在嘉庆的暗示之下，朝中的舆论开始有了转向，御史等人纷纷奏疏弹劾和珅。仅三天后，正月初八，嘉庆以御史弹劾为据，宣布夺大学士和珅、户部尚书福康安职，下狱治罪。

在这个特殊时刻，刘墉非军机大臣，却更受嘉庆倚重，非首辅大臣，却堪称"真宰相"。他不负所望，与成亲王以及其他不依附和珅的大臣，奉旨审讯和珅，迅速查明和上奏和珅搜刮民脂、贪污受贿等十二条罪行。随后，嘉庆下旨抄和珅家，共查抄家产八亿多两白银。而当时清朝年收入7000万两，和珅的家产竟然比清廷十年收入总和还要多得多！时人戏言："和珅跌倒，嘉庆吃饱。"

树倒猢狲散，过去与和珅关系亲密的人巴不得马上撇清和他的关系，而那些早就看不惯和珅作为的大臣更是恨不得马上处决他。直隶总督胡季堂直斥和珅："丧尽天良，非复人类……真一无耻小人，丧心病狂，目无君上，请依大逆律凌迟处死。"而另一边，和珅的儿媳妇，下嫁和珅儿子丰绅殷德的和孝十公主，屡次涕请保全和珅肢体。当此重要关头，刘墉不计私仇，从保全先帝和清廷尊严的角度出发，客观地指出虽然和珅罪大恶极，即便千刀万剐也是轻罚，但其毕竟是先朝大臣，看在先帝的面子上，请从次律。嘉庆接受了刘墉的建议，于正月十八下谕，令和珅自尽，保其全尸。

与此同时，与和珅来往过密之人也受到了惩处。此时，刘墉再一次展现了过人的政治智慧。在刘墉的建议下，为了防止有人借机打击报复，使和珅案扩大，嘉庆及时发布上谕，不治党羽，禁止株连，使大小臣工，洗心涤虑。正是刘墉的审时度势，才稳定了人心，避免了一场政治风波。

六、俭朴无华又何妨

谨守"为官清廉"的祖训，刘墉一生清正，即便身处乾隆晚期腐败的官风之中，亦出污泥而不染。与其父刘统勋一样，刘墉亦持躬清介，官居一品，却门可罗雀。《诸城县志》称赞他："砥砺风节，正身率属，自为学政知府时，即谢绝馈贿，一介不取。"他任江苏学政时，竟然只有一个穿着蓝布袍的村童给他打打下手，而不设一般官员都有的官署和官宅门房人。后来，他的侄子刘镮之受他的影响，任两浙督学时，也不设看门人。1800年前后，因山东闹饥荒，老家来信，希望能得到一些资助。但是刘墉囊中羞涩，只能拿出原本打算用来修缮京中房屋南院的1000两银子。与和珅等腰缠万贯的京中大臣相比，他寒酸得实在不像一个京官。

他一生俭朴，不重衣着，甚至有点邋遢。据李伯元的《南亭笔记》记载，有一次，乾隆召见刘墉谈话。有一只虱子沿着刘墉的衣领，爬到了他的胡须上。刘墉浑然不知，而乾隆看到了，不禁偷偷地笑。刘墉不明所以，直到回到家，仆人一眼看到虱子，才恍然大悟。不过，刘墉并不以为意，见仆人作势拭掉，大笑道："别杀死这只虱子，它在宰相的胡须上爬过，还曾经被皇上看到，你哪里比得上它有福气啊！"

在崇尚奢华的风气之下，对比那些喜爱浮华衣饰的朝臣，刘墉所穿的旧袍子实在显得格格不入。不过，刘墉一点也不觉得难为情，每天晃荡着破旧的袍子办公,还故意说:"我的容貌和衣服,没有一样赶得上现在的风气,但是皇上也没让我不干啊。所以,大家都醒醒吧,穿得再漂亮又有什么用处。"正如《南亭笔记》所记载,刘墉"弛放诞,不斤斤边幅,衣服垢敝,露肘决踵,泰然也"。嘉庆还曾向刘墉的侄子刘镮之赞扬刘墉的清廉,说他没做皇帝的时候,刘墉就穿着那件破旧的袍子,如今做了皇帝,刘墉仍然穿着那件旧袍。刘墉还曾经撰写过几副对联:"粗茶淡饭布衣裳,这点福让老夫消受;齐家治国平天下,那些事有儿辈承担""闲中觅伴书为上,身外无求睡得安"。可见,不管别人怎么看待,刘墉对于身外之物的态度一直是泰然自若的。

嘉庆九年(1804)十二月二十五日,早上,刘墉还和往常一样,去南书房上班,入夜则端坐无疾而终,可以算功德圆满,寿终正寝。嘉庆帝恩旨晋赠太子太保,入祀贤良祠,并派庆郡王永璘带领十员侍卫前往祭奠,赏给陀罗经被、银1000两,给予谥号"文清"。一个"清"字代表了刘墉清廉俭朴的一生。他死后得葬于原籍。据说,后来刘墉的墓曾被挖开,没有发现任何金银财宝,只有玉片一块。这令人唏嘘不已。

第五节　和睦团结，共守门风

家规和家风的传承，除了需要家族领袖的引领，还需要家族成员共同遵守和维护。家族和睦则是家族成员守望相助的前提。在刘氏家族历史上，不乏兄弟携手的故事。七世刘果、刘棨，在仕途上互相照应，共沐清廉门风；刘棨与刘棐传递人间大爱，轮流向灾民发粮赈灾。八世刘绶烺首开家族水利之学，刘统勋与刘纯炜均是当时的水利名臣。同胞兄弟在事业、生活上相互支撑，携手奏出一篇又一篇精彩的乐章。刘墉则是刘氏家族九世的领军人物。对于家族至亲而言，声名显赫的刘墉还是那个喜爱闲话家常的亲人。

他曾经写信叮嘱刘堪。刘墉的弟弟刘堪，身体虚弱，稍微不忌口，便会腹泻。对于身患重病的弟弟刘堪，刘墉一直悉心照顾。只可惜，刘堪还是英年早逝。刘堪去世后，刘墉便担负起了养育侄子刘镮之的重任，对他极其用心和抱有期望。

刘墉常年在外做官，通过一封封书信往来与老家的兄弟们维系着亲情。言谈之间，除了做人、做学问方面的叮嘱，还包括汇报自己的身体状况、任职的变动、所承圣恩的细节，以及生活之中诸如算命测字、接济兄弟等琐事。在同辈兄弟中，刘墫、刘堮与刘墉交往较多。

刘墫是刘棐长子刘继爚的第五子，被刘墉尊称为“五哥”。刘棐与刘棨同父同母，后代关系自然比其他支脉更为亲近。刘墫在京城做官时，刘统勋十分关心这个侄子，常常与刘墫讨论一些有趣的问题，甚至还曾让刘墫为自己代笔。刘墉和刘墫在京城朝夕相处18年的光阴中，感情日渐加深。二人又兴趣相投，都爱好诗、书、画，所以，在家书往来之中，二人不仅闲话家常，也时时诗歌唱和。刘墉还曾在信中赋诗表达了不能与五哥彻夜畅谈的遗憾之情。刘堮则是刘墉十叔刘经泰的独子。他颇为喜欢老庄，善于诗歌创作。刘墉常常在家信中直接索要刘堮的诗稿，自己偶得佳句，也一定要对方点评。生活节俭的他，为了响应家人为刘堮“谋一恒产”的号召，一次性拿出了200两银子贴补兄弟。在旁人看来，堂堂的京官，怎么只赞助了区区200两银子？殊不知，刘墉自家的南北住宅早先因大雨损毁，而刘墉都无力拿出1200两银子好好修葺。因此，这200两银子已经是刘墉当下所能资助的最大限度了。在刘堮去世之后，刘墉还曾深深地感叹“淡园走，石庵闷矣”。

在互相提携之中，刘墉和同辈兄弟们共守刘氏家族和睦家风，也紧紧遵守着刘氏子弟为官清廉、为民请命、爱民如子的家风、官风。

在刘氏九世子弟中，刘墫官居从二品，深受祖风熏陶，一心为民，甚至因频繁为民请命,而遭到顶头上司的厌恶,最终被降职使用。乾隆四十六年(1781),黄河决口。眼看徐州灾民露宿大堤,而江苏巡抚竟然置若罔闻,身为江宁布政使的刘墫当即便与巡抚理论起来,为老百姓争取到了熟食救济,但是也为自己的仕途种下了祸根。四年以后,当地遭遇大旱。眼看巡抚这一次又无动于衷,而百姓生逢不幸,刘墫不能隐忍,听闻总督在河上,便撇开巡抚,单独面见总督,陈述旱情。最终,百姓们等来了朝廷的赈恤旨意,而刘墫越级汇报旱情的行为彻底惹恼了江苏巡抚。后者借口刘墫老病,定要把这个屡屡与自己作对的人,踢出部属。乾隆为了调和矛盾,最终将刘墫改为鸿胪寺卿。不久,刘墫告老还乡。

刘铠,刘棐的孙子,刘继燻第三子,刘墫的三哥。在知县任上,刘铠为了解决当地百姓水患之后的安置问题,不惜往返数十日,争取赈粮。此外,他还长于听断,不仅可以轻松处理本县的诉讼,而且还时常帮邻县断疑案,颇具才华。

刘臻,刘墉六叔刘组焕长子,也曾任多地知县,在砀山知县任上,干得最为出色,亲力亲为治理当地洪涝灾害。刘臻的风骨,除了深受祖风的影响,更离不开他父亲的谆谆教导。因为砀山是诸城刘氏的祖籍,所以他在此任上的表现格外受到家族的重视。得知儿子颇受百姓拥戴,其父甚为欣慰,寄诗一首云:"别来已是再经春,闻尔仁声政克敦。心警桁杨如保赤,清殷桑梓善推恩。清勤永励媲三异,敬慎常怀对九阍。我勉簿书儿抚字,循良家学共图存。"

由此可见,团结和睦,爱民如子已经深入刘氏家族弟子血脉之中。不过，为官并不是刘氏子弟唯一的成才之路。从八世刘绶烺起，到十六世刘济英，刘氏子弟九代中代代有行医者。他们悬壶济世，以仁心仁术，造福天下，也使医学成为刘氏家族源远流长的一门学问。

在刘氏家族史上，最为出名的医者当属九世刘奎。他是刘墉三叔刘绶烺长子，自小深受父亲的影响，对医学颇感兴趣。刘绶烺精于医理，为官政务颇多，闻人疾苦，仍然不辞辛劳，出手相救，凭借自己过人的医术，治愈过许多病人。刘奎不仅耳濡目染，而且由父亲亲自调教，后来又因"自幼不利场屋，入闱辄病"，因此在中年时便抱定了"不为良相，便为良医"的志愿。最终他彻底放弃了仕途，以医学为毕生追求的事业。在叔父刘统勋的引见下，刘奎得以跟随名医郭右陶学习。他刻苦攻读医书，吸收明末瘟疫学家吴有性等人的经验，荟萃中医史学名家之术，终成一代瘟疫学大家。他不仅医人无数，而且留下了《松峰说疫》和《瘟疫论类编》两部不朽的医学著作。第九世中还有一位刘氏族人在药学上取得了不俗的成就，他便是刘奎的堂兄刘跻，他曾经对制作药饵颇有研究。

十世之中，刘奎的四个儿子中有三个，刘秉淦、刘秉镕、刘秉锦也终生从医。刘秉锦更是他父亲的得力助手，是十世中真正的医学代表人物。他不仅帮助父亲重新编纂评释吴有性的《瘟疫论》，刊刻父亲的《松峰说疫》，而且也著有《灈西救急简方》六卷等独立著作。他不仅是刘奎从医道路上的知音，时时相伴左右，更是其衣钵的传承者。后世名家还有十一世刘大河，十二世刘象枢，十三世刘荐廷、刘炎昌，十四世青岛市中医院首任院长刘篸（季三），十五世青岛市卫生局原局长、中医管理局原局长刘镜如和北京大学第三医院教授刘镜愉,十六世刘济英等,可谓门风鼎盛,源远流长。

除此之外,刘氏家族在诗歌、水利、金石学等方面,亦取得了不菲的成就。

第四章
世家衰落，家风犹存

说来也是遗憾，刘墉本人唯一的亲生儿子杭珠十岁早夭。无奈之下，他过继了九叔刘绂焜六子刘墱的次子刘锡朋为嗣子。虽然在嘉庆元年（1796），因刘墉官至从一品，刘锡朋受恩成为荫生，但可惜的是，他天资有限，一生平庸。刘墉去世时，刘锡朋仅18岁。刘锡朋有三个儿子，分别是刘光海、刘耀海和刘原海。前二者均为监生，担任过从七品官员。刘原海则官居从四品，成为刘氏衰落期难得的高官。关于刘墉生前与刘锡朋相处的史料不多，仅是"锡朋俟其交运"六个字。反而从刘墉遗留的家书来看，他与他的侄子，后来官居一品吏部尚书的刘镮之交往更密。

第一节　吏部尚书刘镮之

一、刘墉与刘镮之的叔侄情

说起刘墉和刘镮之，大家略知一二，但是要说二人的关系，还真是有些耐人玩味。刘墉是乾隆宰辅刘统勋的大儿子，乾隆朝做到协办大学士，嘉庆朝成为大学士，权力和地位居汉臣之首。刘墉有个弟弟叫刘堪，其子叫刘镮之。从能够翻阅的史料来看，刘墉膝下无子，而刘镮之却因刘堪英年早逝，由刘墉一手抚育成人。

刘墉因对刘镮之期望之深、用心之重，在教育方面，下足了决心和本钱。刘镮之15岁时，刘墉便高薪聘请当时的名师为刘镮之授业，让他从一开始就接受一流的教育，也可以说让刘镮之赢在了起跑线上。到了刘镮之20岁时，刘墉更是亲自教导他，亲自为其授课解惑，照拂着刘镮之的一切。

伯父如此这般地用心和用神，刘镮之从小也是看在眼里、记在心里，更是体现在行动上。刘镮之从小就很努力，凭借自己的本事考中了进士，这也让刘墉感到其心可慰，自己的努力没有白费。刘镮之是个可造之材，但是要"继承香火"，光耀门楣，除此之外恐怕还得再多学一些立世技能。当然，刘镮之从小便有条件在刘墉清廉、爱民、敬业、无畏的立世原则下熏陶着，从而渐渐地形成自己的性格和立世特征。后来，刘镮之在学识、做官等方面都逐渐成为刘氏一族同辈中的佼佼者。

刘墉与家族兄弟茶余饭后谈论最多的当属刘镮之，在写给家人的书信中，也能看得出他时时刻刻关心或者说关注着刘镮之。刘镮之在学政任上做得不错，得到皇帝表扬，他会在家书中表彰一番，在引以为傲的同时，也让家人高兴。尤其在刘镮之升任吏部侍郎这件事情上，他还特意跟家人解释一番，没有帮忙打招呼。他在家人面前逐步树立刘镮之的威信。

同样，在家庭之外的做人和做官上，刘墉也用自己的方式教育影响着刘镮之，从刘镮之在学政任上使江浙科考弊绝、关防严肃的工作效果上看，的确是彪炳正气、克绍家风，或者说一丝不苟地贯彻刘墉的教育思想。嘉庆九年（1804），刘墉离世，刘镮之奉命搜集刻印刘墉书法作品，取名"清爱堂帖"。刘镮之甚是了解伯父生前写作用章时最爱用御赐"清爱堂"印章的偏好，体味到伯父用此章之深意，即不但是用清廉爱民的标准来自励自警，同时也是表扬祖德不忘本。所以，在集印刘墉的书法作品集时，取名"清爱堂帖"，不仅是旌表刘墉克绍家风不忘祖宗，更是铭记为官做人的原则。

二、嘉庆朝几番沉浮

在刘墉的亲自教导下，刘镮之渐渐成长为刘氏家族第十代子弟中的佼佼者。乾隆五十五年（1790），刘镮之自翰林院庶常馆为散馆后，至嘉庆四年（1799），便由从七品升至正三品詹事府詹事。九年时间跨越了九个台阶，虽然远比不上祖父刘统勋和伯父刘墉的晋升速度，但是，也已经是平步青云了。

因为刘墉的关系，嘉庆与刘镮之之间，比起一般的君臣，显得更为熟络。据刘墉给老家诸弟的家书所言，嘉庆曾与刘镮之闲话刘墉。嘉庆感叹："你伯父十分节俭，你祖父文正公过去也是如此。我曾经跟随先皇到过你家，看到马房竟然就在宅子的旁边，甚是狭窄。我在藩邸时就曾见过你伯父的轿子，破极了！"这看似家常的话语实则暗含了嘉庆对刘墉俭朴清廉的敬重，以及对刘镮之能成为如刘墉般栋梁之材的殷切期望。除此之外，2006年佳士得（香港）有限公司曾拍卖"清嘉庆御制青玉仙山楼阁插屏"上刘镮之所书题诗，可见刘镮之与嘉庆还有一些艺事交往。

刘镮之前半生的仕途一直走得比较顺。嘉庆五年（1800），他擢升内阁学士兼礼部侍郎；嘉庆六年（1801），迁兵部右侍郎，七月转兵部左侍郎；嘉庆九年（1804），任江苏学政，六月调吏部右侍郎，仍留学政任；嘉庆十二年（1807），任顺天学政；嘉庆十五年（1810），任浙江乡试正考官，八月提督江苏学政；嘉庆十六年（1811），擢升兵部尚书；嘉庆十八年（1813），署刑部尚书兼顺天府尹。

刘镮之四任学政，继续发扬刘氏清廉门风，在浙江、江苏这样舞弊和请托之风盛行的科场重镇任职，始终两袖清风，屡次受到嘉庆皇帝赞赏。可见，对于刘镮之的人品和能力，嘉庆皇帝是相当了解、信任和肯定的。不然，不会让其担任江苏、直隶等科举重地的学政之职，更不会让其兼署顺天府尹，而且前后兼任近十年。要知道，这个职位虽然只是位居正三品的文职，但是直接掌管北京的治安与政务，负有保卫皇城的职责。同时，顺天府具有与御史台、九门提督府等衙门几乎相等的权限，可以承接全国各地诉状，相当于一个小刑部，也具有直接面圣的特权。刘家一门清廉敢当，刘镮之亦不例外。倘若不是对于刘家门风知之甚深，对刘镮之本人的品性了解甚深，断不会命其担任顺天府尹一职。这种信任在刘镮之初次兼任顺天府尹时可见一斑。嘉庆十八年（1813），大兴人林清领导的起义人员与皇宫内太监里应外合，攻入皇宫，结果因势单力薄而失败。按照部议，顺天府尹刘镮之失察，理应降职。但是，嘉庆皇帝考虑到刘镮之刚刚担任此职，便加恩留任。刘镮之没有辜负这份信任，对于地方政务、司法等公务颇为用心。所上奏折，切中时弊，因而被下部议行。当年年底，刘镮之便缉捕到一些林清起义余党，因立功而被加"太子少保"。

不过，刘镮之毕竟不是刘统勋和刘墉。他虽然累官至一品，但是在朝中的地位和影响还远远达不到其祖父和伯父在位时的高度，他与皇帝之间的关系，相对而言，自然也生疏了几分，因此，在嘉庆年间几经沉浮。嘉庆十九年（1814），刘镮之调任户部尚书。嘉庆二十二年（1817），嘉庆帝自热河秋猎回京后，刘镮之面圣，竟然因为不能回应嘉庆皇帝"为什么近来奏事不多""为何不及时逮捕教匪"等质疑，而引起嘉庆皇帝的不快，被斥玩忽职守，进而被降为侍郎候补。不过，时隔不久，他又被重新起用。嘉庆二十三年（1818），他任兵部左侍郎，一个月之后，又兼署刑部左侍郎。在此任上，刘镮之再次表现出不俗的办事能力。福建同安县一起悬而未决达19年之久的案子，经刘镮之审理，依律拟罪，各方均能接受。这让嘉庆皇帝十分满意，于是嘉庆调任他为督察院左都御史，且仍然将北京城的治安交给他管理，即仍然让他做了老本行——顺天府尹。嘉庆二十五年（1820），他被调兵部尚书、充殿试读卷官。

道光皇帝即位后，又将其调任六部之首——吏部尚书，加"太子少保"。只可惜，天不假年，道光元年（1821），刘镮之因病去世。道光皇帝恩令刘镮之长子，时任兵部员外郎的刘喜海，待守孝期满后，着以郎中补用。次子刘华海着赏举人。

第二节　布政使刘喜海

自刘镮之起,刘氏家族渐渐走向衰落。十世之中,尚有刘镮之位居一品,从十一世起,刘氏家族在政坛的影响力大不如前,十一世到十三世期间中进士的仅有一人。在家族衰落期,唯有刘喜海在政坛产生了一定的影响。他先后任员外郎、户部郎中、福建汀州知府、陕西延榆绥道巡道、四川按察使、浙江布政使(曾兼浙江巡抚)等职。道光二十九年(1849),政敌浙江巡抚因为刘喜海议事素来与其不合,揪住他考古、藏书的爱好,参其整日沉溺于考古之中,不务正业,荒废职守,刘喜海因此被罢官。至此,刘氏家族基本退出了清王朝政治舞台。但是,刘喜海这官被罢得着实有些冤枉。事实上,刘喜海还是一个比较雷厉风行,能为百姓办实事的好官。在福建汀州知府任上,刘喜海一心为民,赢得了当地百姓的爱戴,从当地百姓为表感激之心为他所立的生祠可见一斑。

一、决断处啯匪

在四川按察使任上,刘喜海再次展现了为民除害的气魄和杀伐决断的气质。按察使相当于今天省级公、检、法机关长官,其主要任务是巡察各道,不仅负有考核吏治之责,还主管该省的刑法之事。

蜀地历来啯匪泛滥成患,百姓苦不堪言,政府整治收效甚微。据《正续蝶阶外史》记载,当地啯匪凶残成性,他们数百人为队,颇具规模,平日蛰居山洞,专门干些劫持人质、勒索钱财的勾当。倘若勒索不成,约定的赎金逾期未至,便淫杀人质,让当地老百姓又恨又怕。据说,在村里居住的百姓因为害怕啯匪,想迁居到城里,而在城里居住的百姓也同样有此担忧,又想迁居到村里。可见,当地百姓人人自危,治安情况已然十分恶劣。

刘喜海赴任四川按察使后,数月之内,便寻迹缉捕了众多犯案者,包括为首者若干人。审讯既定后,刘喜海奏请四川总督宝兴,将这些穷凶极恶之人正法,认为若"不尽剪除,民不聊生"。可是,这位原本被啯匪搞得非常紧张,平日出行都要重兵围护的顶头上司竟然要对啯匪报以"慈悲"之心。他说:"人死王法,罪无可辞,既无控者,凭我等意见,致人于死,来生冤债我弗结也。"在刘喜海的继任张集馨所作的《道咸宦海见闻录》中,宝兴是个对于地方公务、百姓安危漠不关心的人,官署中还有通匪的官员,以至于缉捕命令下达时,盗匪已经提前知晓,造成长年累月的啯匪之患。结合《正续蝶阶外史》的记载,可以看出宝兴是一个比较狡猾的官员。当地匪祸已久,如果同意将之正法,万一啯匪不能尽除,那么这笔血债,可是算在他的头上了。所以,他担心的恐怕不是"来生冤债",而是今生冤债吧。总之,宝兴承认他们是啯匪,但是得罪人的事情,他不干。

倘若刘喜海的骨头软一点,听从这位要粉饰太平的顶头上司的话,恐怕这些啯匪便会是另一个下场了。但偏偏刘喜海是个骨头很硬的人,他认准的事情,便会坚持到底。"此等事,中堂既不做主,本司尚能肩任。"于是,刘喜海乘了肩舆,前赴城隍庙,并传皂隶,持大杖,往至庙所。听闻要处置啯匪,全城百姓几乎都赶往城隍庙围观,见到匪徒立毙杖下,合城欢呼如雷。据说,人们在激动欣喜之余,纷纷用瓣香表达心中敬仰,也有人往舆顶上一匹茜帛,表达感激之情。据说,因为扔得太多,舆夫脚底也被萦绕,无法挪动前行。又说,人们在刘喜海从城隍庙回官署的路上,准备了火鞭,一见到刘喜海的踪迹,便点燃庆贺。一时间,犹如火龙一尾云。

二、金石名家

退出官场的刘喜海,并未表现出任何官场失意的情形,反而更加逍遥自在。原本就酷爱考古、收藏的他,开始以专职收藏家、金石名家的身份活跃在学界,在收藏和研究上堪称一位重量级的人物。刘喜海所藏以宋版书籍、抄本、朝鲜古籍和金石拓片为主,涉猎广泛、视野开阔,奠定了他在清代藏书界一流大家的地位。

据说,他常常来往于北京、杭州等地,大批购进古书、碑帖和钱币。他所藏宋书中比较珍贵的是《史记》。这是他擢升浙江布政使后,在杭州庙市所得。这个版本不仅是《史记》中最古老的版本，而且是存世至今最好的本子。此本后来还辗转于几个收藏者之间，均被视为珍藏，今藏于国家图书馆。刘喜海对日本、朝鲜的书籍也兴趣颇浓。其中，他所藏的《海东唐文选》乃是朝鲜书籍中最为显赫的一部，收集有朝鲜不同时代文人29篇文章，具有极高的史料价值，乃国内外孤本。《朝鲜书目》则是在他的提议之下，由金命喜初编，刘喜海增补而成，其收录了120部朝鲜古文献，对于了解和掌握朝鲜文献意义深远。

此外，刘喜海在抄书，批、校、注书方面也多有建树。刘喜海抄本因静雅，又多著有各书流传原委，因而在古籍版本学上占有一席之地。他所抄古籍甚为丰富，以宋书为主，涵盖东晋、南北朝、唐、元、明、清诸多古籍。而留有刘喜海题跋的古籍，亦散落在各地图书馆。

在金石学方面，刘喜海为咸同之际的金石学大家陈介祺、鲍康所推崇备至，更被今人视为同时代最为博学的金石学人。他在此方面的著作等身，现今传世的，仍多达35种。其中，《古泉苑》《金石苑》是其中的代表之作，前者更是奠定了刘喜海在钱币学上的历史地位。他的藏品和见识也深深影响了金石界后学。

结语

家训易定,家风难铸,家风传承更是难得。

家风传承靠的是一代又一代人不懈的努力,尤其离不开每一代当家人的言传身教。一封封家书,一次次训教,甚至一次次惩罚,才使得家庭内部成员共同遵守、维护和传承家训、家教、家风,并将之内化于血脉之中。它时而和风细雨暖人心,时而森严不近人情。人活在世上,很大的责任在于传承,不仅仅是传宗接代,延绵子孙,更是传承家风,传承民族与国家的文明。这一点,在刘氏家族中体现得淋漓尽致。清廉爱民便是刘氏为官子弟践行的重要人生信条,它既是一脉相传的家风,又是恪守本分、忠君为民的官风,体现了刘氏家族浓厚的一以贯之的家国情怀。

参考文献

[1]（清）陈康祺.郎潜纪闻初笔二笔三笔 [M].北京：中华书局，1984.

[2]（清）朱珪.知足斋文集 [M].台北：新文丰出版公司，1985.

[3]（清）清高宗实录 [Z].北京：中华书局，1986.

[4] 王锺翰点校.清史列传 [M].北京：中华书局，1987.

[5]（清）袁枚.小仓山房诗文集 [M].上海：上海古籍出版社，1988.

[6]（清）洪亮吉.四部丛刊初编（298）：洪北江诗文集 [M].上海：上海书店出版社，1989.

[7]（清）纪昀.纪晓岚文集 [M].石家庄：河北教育出版社，1991.

[8]（清）王培荀.乡园忆旧录 [M].济南：齐鲁书社，1993.

[9]（清）张贞.四库未收书辑刊：杞田集 [M].北京：北京出版社，1998.

[10]（清）赵慎畛.榆巢杂识[M].北京：中华书局，2001.

[11]（清）李调元.淡墨录[Z].沈阳：辽宁教育出版社，2001.

[12]（清）梁章钜.续修四库全书（1254）：楹联丛话[M].上海：上海古籍出版社，2002.

[13]（清）爱新觉罗·弘历.四库全书（1304）：御制诗二集[M].台北：台湾商务印书馆股份有限公司，2007.

[14]（清）爱新觉罗·弘历.四库全书（1305）：御制诗三集[M].台北：台湾商务印书馆股份有限公司，2007.

[15]（清）爱新觉罗·弘历.四库全书（1308）：御制诗四集[M].台北：台湾商务印书馆股份有限公司，2007.

[16]（清）李元度.国朝先正事略[M].长沙：岳麓书社，2008.

[17]（清）张曾.归绥识略[Z].复印本.

[18]张其凤.刘墉研究丛稿[M].天津：天津人民出版社，1996.

[19]张其凤.刘墉 史实卷[M].北京：人民日报出版社，2004.

[20]张其凤.清代诸城刘氏家族文化研究[M].北京：中华书局，2013.

[21]张其凤，屠音鞘.诸城刘氏家风[M].北京：人民出版社，2015.

[22]陈连营，方瑞丽.传说与历史：宰相刘墉的一生[M].北京：北京古籍出版社，2004.

[23]纪连海.历史上的刘墉[M].北京：中国民主法制出版社，2006.

[24]王蕾编著.清代名人奏折书系：刘墉[M].郑州：大象出版社，2009.

[25]赵统.江阴明清学政[M].上海：上海古籍出版社，2011.

本书获得山东省高校人文社科计划项目（J16YG08）、青岛大学基金项目（QDXY201602）资助